KUNST FÜHRER

Hamburg

Hamburg — Metropole des Nordens   4
Faszination durch distanzierte Schönheit –
Übersichtskarte von Hamburg und Umgebung Seite 9

Rund ums Rathaus: die Altstadt   10
Die Innenstadt links und rechts der Mönckebergstraße —
Stadtkarte zu den Rundgängen Seite 20/21

Die Neustadt im Westen der City   22
St. Michaelis: Mittelpunkt der 1188 gegründeten Neustadt

Über den Wallring nach Altona   28
Auf den alten Wallanlagen über die Reeperbahn bis nach Altona
mit der Prachtstraße Palmaille

Historische Bauten am Hafenrand   36
Von den Deichtorhallen durch die Speicherstadt
bis zum Altonaer Fischmarkt

Mit dem Dampfer über die Außenalster   44
Eine Alsterdampferfahrt über Binnen- und Außenalster vom
Jungfernstieg bis Winterhude und zurück

Vom Stadtpark zum Ohlsdorfer Friedhof   52
Der grüne Norden: Stadtpark, Bürostadt City Nord
und Ohlsdorfer Friedhof

Perlen an der Elbchaussee   56
Prachtvillen an der 15 Kilometer langen Route von Altona über
Blankenese bis zum Falkenstein – Elbroutenkarte Seite 60/61

Durch Harburg und das Alte Land   64
Harburg, Marmstorf, Sinstorf, Fischbeker Heide, Moisburg,
Buxtehude, Estebrügge, Neuenfelde, Cranz, Jork, Borstel, Stade

Schloß Ahrensburg und die Vierlande   72
Bergedorf, Ahrensburg, Reinbek, Curslack, Neuengamme,
Kirchwerder, Zollenspieker, Altengamme, Horst

Museen: Kunst, Gewerbe und Geschichte   80
Museum für Kunst und Gewerbe, Hamburger Kunsthalle,
Museum für Völkerkunde, Museum für Hamburgische Geschichte,
Altonaer Museum, Ernst Barlach Haus, Helms-Museum
in Harburg – Kunsthandwerker Seite 88

Sonderteil
Feudale Wohnkultur in der Gründerzeit   89
Wohnen in historischer Stilvielfalt am Beispiel Hamburg

Personenregister   96
Orts- und Sachregister   96
Literaturhinweise   97
Autoren   97
Bildnachweis   97
Impressum   97
Zeittafel   98

Chilehaus

Nikolaifleet

St. Michaelis

Hirschparkhaus

Jenisch-Haus

Titel: Speicherstadt

Historisch gesehen verdankt Hamburg seine Gründung der christlichen Missionierung des europäischen Nordens. Wirtschaftlich ist die Hafenstadt seit Jahrhunderten Deutschlands seewärtiges Tor zur Welt. Politisch und kulturell wird die Stadtrepublik, die Freie und Hansestadt, seit dem Mittelalter von Handel treibenden Bürgern geprägt.

Ankunft in Hamburg: Die wenigsten Gäste kommen heute per Schiff. Aber ob man mit dem Flugzeug anreist oder sich über die Elbbrücken nähert, immer empfindet man Hamburg als „Stadt im Fluß" in des Wortes doppelter Bedeutung. Stets hat sich etwas gewandelt; und es ist doch immer dieselbe Stadt, deren Topographie ihr größtes Kapital ist. Das Beharren an überlieferten Strukturen und die immerwährende Veränderung sind zum Lebensprinzip der Ansiedlung an der Elbe geworden.

Dieses Hamburg ist eine Stadt zwischen Natur und Kunst, geprägt von der Fähigkeit ihrer Bewohner, sich mit dem Wasser als ihrem Element, aber auch als Bedrohung auseinanderzusetzen. Land und Wasser haben gemeinsam der Stadt ihr unverwechselbares Gesicht gegeben. So ist die Stadt auch immer dort am eindrucksvollsten, wo sie sich im Wasser spiegelt. Etwa beim Blick von der Lombardsbrücke zwischen Binnen- und Außenalster. Hier zeigt sich die „Stadtkrone", die klassische Silhouette der nach dem letzten Kriege wiedererstandenen Türme, am schönsten.

Hamburg ist in seiner heutigen Erscheinung eine Stadt des 19. Jahrhunderts. Viele Katastrophen hat Hamburg erduldet, vor allem den Großen Brand von 1842 und die Bombardements des Zweiten Weltkrieges. Doch immer wieder entstand es neu wie Phönix aus der Asche.

Der Ort wurde dem Wasser abgetrotzt, dort, wo seit alters ein Handelsweg an einer Landzunge die sumpfigen Niederungen von Elbe und Alster querte. Schon die frühesten bekannten Siedlungsspuren und die Gründung der „Hammaburg" als karolingischer Brückenkopf nördlich der Elbe um 825 zeigen die systematische Sicherung gegenüber dem Wasser.

Aus der Frühzeit hat sich als bauliches Zeugnis nur das gewaltige Fundament des sogenannten Bischofsturmes erhalten, 1962/65 bei Ausschachtungen entdeckt, ein rundes Feldsteinfundament von elf Meter Durchmesser. Er geht auf den Erzbischof Bezelin-Alebrand (1035 bis 1043) zurück, also auf das 11. Jahrhundert.

Im Hochmittelalter wurden die Marscheninseln besiedelt, die Pfarrkirchen St. Petri und St. Nikolai erbaut. 1189 erhält die Stadt jenen berühmten Freibrief Kaiser Friedrich Barbarossas, der den freien Handel der Kaufmannschaft begründet. Die Alster wird zu einem großen See aufgestaut. So konnte man Mühlen betreiben und hatte zusätzliche Sicherheit im Konfliktfalle.

Der Mauerring der Altstadt wurde erst im 17. Jahrhundert durch die großzügige Umwallung des Johann van Valckenburgh ersetzt, die das Stadtgebiet nahezu verdoppelte. Noch heute ist dies die eigentliche historische Innenstadt.

Frühere Besucher der Stadt haben das Bild beschrieben: das geschäftige Treiben im Hafen mit seinem Mastenwald, die große Zahl fremder Menschen, die die Straßen bevölkerten, die Bürger in

Hamburg — Metropole des

Bis zur Aufhebung der Torsperre 1860 wurde am Dammtor, dem nördlichen Wallring-Durchlaß, noch Zoll erhoben. Auch war das Tor des Nachts zugesperrt. Vor dem Dammtor liegen die Stadtteile Rotherbaum-Harvestehude, seit ihrem Ausbau in der Gründerzeit eine der vornehmsten Hamburger Adressen. Diese Hamburgensie vom Dammtor um 1850 schmückt das Treppenhaus der Schwanapotheke in der Dammtorstraße 27.

Nordens

ihren eng gedrängt an den Fleeten stehenden Häusern, die Kirchen, Klöster und Spitäler. Ein behagliches Bild trotz vieler Unzulänglichkeiten, schon damals oft mit Venedig verglichen.

Ausbau zur starken Festung im 17. Jahrhundert

Sehr eindrucksvoll findet sich der bürgerliche Charakter Hamburgs dargestellt auf dem Stadtporträt des Matthäus Merian von 1653. Aus der Vogelperspektive ist die ganze Ausdehnung der neu umwallten Stadt zu sehen, mit Blickrichtung nach Süden. Gerade weil die spätere Zeit die historische Altstadt so gründlich verändert hat, lohnt es sich, bei diesem Stadtporträt des barocken Hamburg ein wenig zu verweilen, obgleich die einzelnen Häuser meist nur schematisch wiedergegeben sind. Die schon reiche Handelsstadt, bereits nach Übersee orientiert, hatte damals rund 70000 Einwohner. Sie hatte durch ihre gewaltigen Festungen und mit einer geschickten Neutralitätspolitik die kriegerischen Wirren des Jahrhunderts gut überstanden.

Das Bild läßt deutlich die Unterschiede zwischen der mittelalterlichen Altstadt und der Neustadt erkennen. Hier die unregelmäßigen Straßenzüge, die dem Verlauf der alten Fleete folgen, mit den vier alten Hauptkirchen und dem Dom. Jenseits des Neuen Walles das neue Kirchspiel mit regelmäßigen, nur wenig bebauten Straßenzügen und den ersten Bürgergärten im holländischen Geschmack. Deutlich ist der Bauplatz der späteren großen St. Michaliskirche an der Englischen Planke zu erkennen. Der Hafen ist noch innerhalb der Umwallungen gelegen. Noch ragen sowohl die Türme als auch die Dächer der Kirchenschiffe weit über das Häusermeer hinaus. Von diesem alten Hamburg haben nur verschwindende Reste die späteren Häutungen der Stadt überstanden.

Typisch: die Kaufmannshäuser am Fleet

Die Bürgerhäuser der Hamburger Kaufleute lagen meist direkt an den Fleeten, welche die Altstadt zwischen Bille, Alster und Elbe vielfach durchzogen. In den Gebäuden vereinten sich einst das Wohnen und die Arbeit, der Warenstapel und der Warenumschlag. Noch im Jahre 1939 zählte man etwa 2000 Gebäude, die im weitesten Sinne diesem Typus folgend als „Bürgerhäuser" bezeichnet werden konnten.

Im dichten Ensemble standen sie vor allem auf der Cremoninsel im Kirchspiel St. Katharinen. Heute kann man ein solches Ensemble mit seiner typischen Topographie nur noch in der Deichstraße erleben. Diese 1304 erstmals erwähnte schmale Straße verläuft entlang dem Nikolaifleet, dem alten Alsterlauf, und zwar auf der Krone des Deiches, der eine im 13. Jahrhundert besiedelte Marscheninsel schützte. Erhalten sind vor allem die Häuser an der im 15. Jahrhundert bebauten Wasserseite. Noch vor zwanzig Jahren schien auch ihr Abbruch nur eine Frage der Zeit zu sein. Doch dank der nimmermüden Arbeit des Vereins „Rettet die Deichstraße" konnte sie schließlich bewahrt, saniert und restauriert werden: ein beliebtes Fotomotiv mitten in der modernen Großstadt. Die großen Veränderungen und Verluste begannen mit dem Großen Brand, der im Mai 1842 ausgerechnet in der

Nur durch die Alster, das heutige Nikolaifleet, von der Altstadt getrennt, gründeten die Grafen von Schauenburg 1188 die Neustadt für Schiffer und Kaufleute. Mit der historischen Deichstraße am Nikolaifleet hat sich an der Keimzelle der Hafen- und Handelsstadt ein Stück „Alt-Hamburg" erhalten. Hier die Fassaden der Häuser Nummer 45 von 1698 und der Nummer 47 als Rekonstruktion eines Hauses von 1658.

Deichstraße ausbrach (Haus Nr. 25). Damals wurde ein Drittel der Innenstadt verwüstet, und an die 20 000 Einwohner wurden heimatlos.

Heinrich Heine klagte: „Und mein armes Hamburg liegt in Trümmern, und die Orte, die mir so bekannt, mit welchen alle Erinnerungen meiner Jugend so innig verwachsen, sie sind ein rauchender Schutthaufen... Die Stadt wird bald wieder aufgebaut sein mit neuen, gradlinigen Häusern und nach der Schnur gezogenen Straßen; aber es wird doch nicht mehr mein altes Hamburg sein, mein altes, schiefwinkeliges, schlabbriges Hamburg."

Nüchterner, moderner Wiederaufbau nach dem Großen Brand

Schon 1845 war jene neue Stadt, jene Stadt der gradlinigen Straßen, erbaut auf gänzlich veränderten Flurstücken mit neuen Haustypen: praktisch, nüchtern, in der Form zurückhaltend. Hinzu kamen Neuerungen der Moderne: Kanalisation, Gasbeleuchtung, Feuerschutz. Der Haustypus war von England beeinflußt mit einem seitlichen Treppenhaus, repräsentativen Wohnräumen im ersten Geschoß und privaten Zimmern darüber.

Viele dieser Häuser hatten von Anfang an Läden im Erdgeschoß, ein Vorbote der nun einsetzenden „Citybildung" in der Innenstadt. Bisweilen durchzogen glasgedeckte Galerien die Grundstücke zum Flanieren für die vornehme Welt. Die Fassade der meisten Häuser folgte einem klassizistischen Schema, gegliedert mit Pilastern, Profilen und sparsamem Ornament; aber auch oft mit Rundbögen und gotisierenden Formen. So entstand trotz aller Einheitlichkeit ein Straßenbild aus individuellen Bauten als Variationen eines Grundtypus.

Repräsentative Gestaltung am Rathausmarkt

Das bedeutendste Ensemble von Bauten aus dieser Zeit – eines der wenigen erhaltenen – gehört freilich noch heute zu Hamburgs schönsten städtebaulichen Erscheinungen: die Alsterarkaden an der Kleinen Alster schräg gegenüber dem Rathausmarkt. Die Väter des Wiederaufbaus in der „Technischen Kommission" hatten diesen Bereich der Stadt zum repräsentativen Höhepunkt gewählt. Hier sollten die künftigen Staatsbauten entstehen – in Verbindung mit der 1839/41 erbauten und beim Brand geretteten Börse.

Die Kleine Alster ist ein räumlich erweiterter Teil des Alsterfleets zwischen zwei Brücken, durch eine Schleuse auf stets gleichbleibendem Wasserniveau gehalten, und somit deutlich mit Bezug auf den Rathausmarkt. In dieser Wasserfläche spiegeln sich die Alsterarkaden: Ein gedeckter Gang vor den Häusern mit ihren Ladengeschäften. Sie wurden 1844/46 nach einem Entwurf des Alexis de Chateauneuf errichtet. Trotz mancher Veränderungen sind sie noch heute der einheitlichste Teil des Wiederaufbaues nach 1842.

Hamburg war stets eine Bürgerstadt. Seine Existenz war immer auf Hafen und Handel ausgerichtet. Es kannte in seinen Mauern nie einen fürstlichen Souverän, der planend oder befehlend künstlerische Sonderleistungen provozierte.

Wohl aber kannte Hamburg die demokratische Willens-

Links: Hamburg im Jahre 1653 zeigt dieser Kupferstich von Matthäus Merian mit der Befestigung von 1616/25 und der erst mäßig bebauten Neustadt. In die Festung einbezogen ist der Binnenhafen. Außerhalb des Wallrings mit den Bastionen liegt der Große Grasbrook.

Rechts: Erst seit 1937 gehören die Elbdörfer zu Groß-Hamburg. Ihre prachtvollen klassizistischen Villen ließen sich jedoch Anfang des 19. Jahrhunderts wohlhabende Hamburger als Landsitze erbauen. So kaufte der Hamburger Senator Jenisch 1828 für sein Landhaus den jetzt nach ihm benannten Park in Klein Flottbek. Das Jenisch-Haus ist heute Museum. Hier ein Blick in den Gartensaal.

Heftig umstritten – nicht zuletzt wegen seiner Kosten – ist Alfred Hrdlickas Denkmalensemble der Opfer von Krieg und Faschismus als Gegendenkmal zu Richard Kuöhls 1936 gefertigtem heroischem Kriegerdenkmal für das Hanseatische Infanterieregiment Nr. 76 am Dammtor. Hrdlickas „Fluchtgruppe Cap Arcona" von 1986 erinnert an den grauenvollen Schiffsuntergang der KZ-Häftlinge kurz vor Kriegsende.

bildung der mitwirkungsberechtigten Bürger in Abwägung aller öffentlichen Interessen. Die Teilnahme an der Staatsverwaltung war also Ehrenpflicht eines jeden Patrioten – im Sinne der Definition von Lessing: „uneigennütziger Förderer des allgemeinen Wohls".

Hanseatisches Mäzenatentum einst und jetzt

So ist im Zeitalter der Aufklärung in Hamburg am 11. April 1765 die „Patriotische Gesellschaft" gegründet worden. Man kämpfte gegen Zunftzwänge, unterstützte Erfindungen, verbesserte das Schulwesen, sorgte für Verbesserungen in der Stadt, unter anderem im Armenwesen und in der Lebensvorsorge.
Auf diese Gesellschaft gehen viele Einrichtungen von heute zurück: die Gewerbe- und Kunsthochschule, die Öffentlichen Bücherhallen, das Museum für Kunst und Gewerbe, das Museum für Hamburgische Geschichte, um nur einige zu nennen. So ist die „Patriotische Gesellschaft" gleichsam zum Bauherrn des modernen Hamburg geworden. Auch später sind in diesem Sinne Hamburger Bürger tätig gewesen – zum Beispiel bei der Stiftung der Musikhalle – oder bis heute tätig, zum Beispiel bei der Restaurierung der Deichtormarkthallen.
Angesichts ihrer Verdienste erhielt die „Patriotische Gesellschaft von 1765" 1843 den Platz des alten abgebrannten Rathauses an der Trostbrücke als Baugelände für ihr eigenes Haus. Den Auftrag bekam Theodor Bülau, der im Sinne des Reformimpulses der Gesellschaft ein an mittelalterlichen Mustern orientiertes neugotisches Gebäude in Backstein errichtete. Er setzte sich damit bewußt ab von den weißen Putzbauten seiner Zeitgenossen. Damit war ein Grundthema angeschlagen, das in der Folgezeit die Architekturdebatte in Hamburg bis heute bestimmt hat: die Bedeutung des Backsteins als eines regionaltypischen Baumaterials.
Während die Stadt immer größer und reicher wurde, während sich neue Vororte weit ins Land erstreckten, der Hafen aufblühte, die Innenstadt immer mehr ein Ort der Büros und Kontore wurde, konnte dem allgemeinen Wunsch nach einem repräsentativen Neubau des Rathauses erst spät entsprochen werden. Der Ort, nämlich der „Staatsbautenplatz", stand fest. Nach einigen Konkurrenzen legte schließlich Martin Haller zusammen mit Baumeisterkollegen 1880 einen Entwurf vor.

Ein Rathaus für Senat und Bürgerschaft

Nach ausführlicher Diskussion in den Gremien – in sehr Hamburg-typischer Weise – wurde endlich 1886 der Grundstein gelegt. Der Bau, der dann 1897 fertig war, in „deutscher Renaissance", wurde kein Verwaltungszentrum für Behörden, sondern als architektonischer Rahmen die monumentale Überhöhung der Verfassungsorgane der Freien und Hansestadt, Senat und Bürgerschaft. Er ist Rathaus und Parlament zugleich, und er ist die opulente Szene, vor der beide Gremien ihre Gäste empfangen. Der reiche Skulpturenschmuck, bei dem die Kaiserstatuen besonders ins Auge fallen, ist ein Programm, in dem noch einmal das ganze Selbstverständnis der Stadt selbstbewußt dargestellt wurde. Alles interpretiert ein einziges Thema: Hamburg und das Reich.

Enormer Aufschwung durch Überseehandel in der Zeit um 1900

In der Euphorie des neuen Reichtums, des Überseehandels, der großen Bedeutung der Stadt als „Tor zur Welt" fiel das alte Hamburg weitgehend in Vergessenheit. Ein „Boom" sondergleichen veränderte die Stadt, so daß um 1900 einige beherzte Männer erschreckt Einhalt riefen. Es war der engagierte Kreis um den Kunsthallendirektor Alfred Lichtwark, der mit der sogenannten „Heimatschutzbewegung" die noble „Zeit um 1800" wieder zur Richtschnur machen wollte.
Die Stadt hatte kulturell viel gewonnen: Das Schauspielhaus wurde gebaut, man hatte eine von Bürgern errichtete Kunsthalle, ein Museum für Kunst und Gewerbe, eine Sammlung vaterstädtischer Altertümer. Schulen jeder Art bestanden, und man dachte über die Gründung einer Universität nach. Denkmäler waren errichtet und Parks angelegt worden.
Erst jetzt aber sah man, daß die Stadt in baukünstlerischen Dingen im Reich abseits stand. Der 1909 als Baudirektor gewonnene Fritz

Hamburgs Stadtgebiet erstreckt sich kreisförmig nördlich und südlich der Elbe mit einem Durchmesser von rund 40 Kilometern. Die Landesgrenze zwischen Wohldorf-Ohlstedt im Norden und Sinstorf im Süden, Rissen im Westen und den Vierlanden im Osten besitzt die Freie und Hansestadt erst seit dem Groß-Hamburg-Gesetz von 1937. Ahrensburg und Reinbek im Osten gehören zu Schleswig-Holstein.

Schumacher aus Bremen hat die neue Ära mit Geschick und lebenslanger Energie geprägt. Es war wohl die glücklichste Zeit, die Hamburg jemals im Bauwesen und in der Stadtentwicklung hatte.

Prägende Bauten von Fritz Schumacher

Schumachers Staatsbauten, seine Schulen und Verwaltungsgebäude, sämtlich im nordischen Klinker gebaut, gaben der Stadt einen neuen Charakter, der an den historischen anknüpfte. Die von ihm mitgeplanten Siedlungen der zwanziger Jahre legten sich harmonisch als ein „Gürtel um Hamburgs alten Leib".

Und als nach dem Ersten Weltkrieg die große Depression einsetzte, entstanden mitten in der Inflation in der östlichen Altstadt die berühmten Kontorhäuser der Gebrüder Gerson und Fritz Höger (Meßberghof, Sprinkenhof, Chilehaus), die in der Architekturdebatte wie ein Fanal gewirkt haben.

Ist Hamburg heute eine Metropole? Nach der Schaffung von Groß-Hamburg 1937/38 unter Einverleibung von Altona, Wandsbek, Harburg und einiger weiterer Gemeinden ist es ein schwer überschaubarer Großraum geworden mit heute zirka 1,6 Millionen Einwohnern, zu denen im näheren Umraum nahezu eine weitere Million hinzukommt. Nach Kriegszerstörung und Wiederaufbau ist es auch internationaler geworden, streckenweise austauschbar mit anderen westdeutschen Großstädten.

Es lebt aber wie alle Metropolen von der Polarität zwischen der City und den Epizentren, die oft ein ganz eigenes Gepräge haben. Zentrale Kulturfunktionen in der Innenstadt werden ergänzt durch ein sehr eigenständiges Kulturleben in den Stadtteilen. Kulturpolitisch wird seit Jahren hier ein Schwerpunkt gesetzt.

Ja selbst die Reeperbahn, die „sündige Meile", macht sich auf, um ihr Image durch Musical und gehobene Unterhaltung aufzubessern.

Seit 1981 gibt es in Hamburg die Aktion „Kunst im öffentlichen Raum", die weit über Hamburg hinaus Beachtung und Nachahmung gefunden hat. Statt der berüchtigten „3 % für die Kunst", die man früher Neubauten applizierte im Rahmen der Verordnung „Kunst am Bau", werden hier besonders vom Staat geförderte zeitgenössische Kunstwerke nach dem Votum einer neutralen Kommission an zentralen und wichtigen Orten im Stadtbild zur Geltung gebracht.

Die Stadt, jahrzehntelang wirtschaftlich in einer Randlage, ist nach den Ereignissen der letzten zwei Jahre im östlichen Mitteleuropa wie von Fesseln befreit und beginnt, ihr natürliches Hinterland, das wie einst wieder weit nach Osten, Südosten und Norden reicht, zu nutzen. Sie wird sehr kluge Lenker auf allen Gebieten benötigen, um ihre in den letzten zwanzig Jahren so erfreulich wiedergewonnene bauliche Qualität, ihre Harmonie aus Natur und Baukunst, zu erhalten.

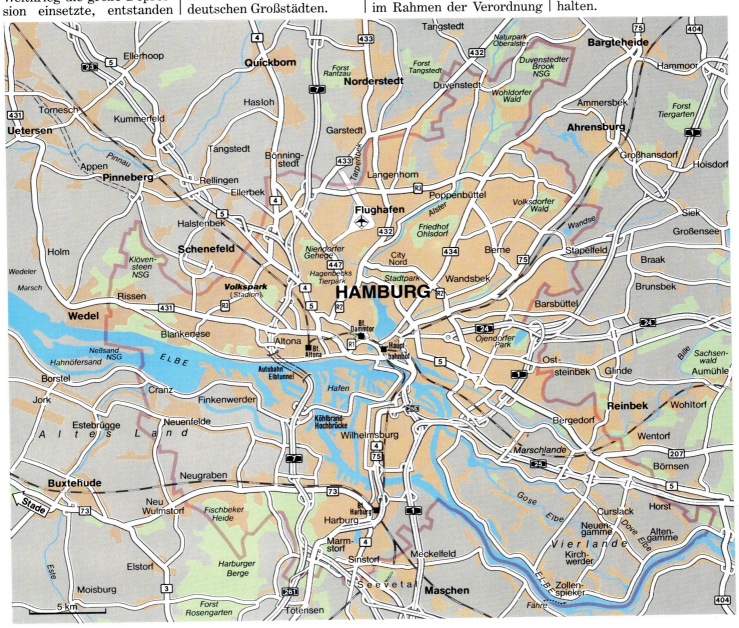

Die Altstadt beiderseits der Mönckebergstraße zwischen Hauptbahnhof und Rathaus bietet nicht nur Hamburgs beste Einkaufsmöglichkeiten. Hier liegen die Hauptkirchen St. Jacobi und St. Petri, „Klein-Venedig" am Rathausmarkt, die prachtvollen Räume der Regierung sowie die eindrucksvollsten Beispiele Hamburger Kontorhausarchitektur.

Mit Großstadt-Flair ausgestattet, gehört neben Reeperbahn, Elbchaussee und Jungfernstieg die Mönckebergstraße zu den bekanntesten Straßen Hamburgs. Ihr Charakter ist trotz mancher moderner Veränderungen historisch geprägt; der leicht S-förmig geschwungene Verlauf im Bereich der Altstadt, der wie beiläufig vielfältige Eindrücke ermöglicht, läßt nicht ahnen, daß sie erst seit etwa 80 Jahren den 1906 fertiggestellten Hauptbahnhof mit dem Rathaus im Zentrum der Innenstadt verbindet.

Die Straße entstand in Kombination mit dem Bau der U-Bahnlinie und wurde erst möglich durch eine „Flächensanierung" im Jacobi-Kirchspiel, die alle Gebäude sowie die kleinteiligen mittelalterlichen Parzellen aufhob. Mitten in der City entstanden so zwischen 1909 und 1913 auf großzügig geschnittenen Grundstücken typische Hamburger Kontorhäuser mit Ladennutzung im Erdgeschoß, dazwischen freilich auch einige Warenhäuser; damals höchst moderne Skelettbauten, deren Fassaden vom gleichmäßigen Stützenrhythmus bestimmt wurden, boten sie allen technischen Komfort verbunden mit repräsentativem Interieur vor allem im öffentlich zugänglichen Bereich von Eingang, Paternoster und Aufzug.

Die Gestaltung dieser bedeutenden Geschäftsstraße, an der so ziemlich alle Hamburger Architekten von Rang mitbauten, wurde von einer Kommission unter Fritz Schumacher beeinflußt und „gebändigt"; bewundernswert, daß trotz des starken ökonomischen Drucks städtebauliche Einheitlichkeit durchgesetzt wurde. Die Beschränkung des Fassadenmaterials vor allem auf grauen Naturstein und rotbraunen Klinker beziehungsweise Backstein, die Dachlandschaft mit harmonisierten Traufhöhen, hohen Dachschrägen, Giebeln und Ausbauten ist durch Kriegszerstörung, Wiederaufbau und Neubauten etwas beeinträchtigt. Und doch spürt man noch immer die gestalterische Konzeption, die den leicht geschwungenen Straßenablauf durch architektonische Pendants gliedert und dem jeweiligen Abschnitt die ganz eigene städtebauliche Dominante verleiht.

Die Mönckebergstraße beginnt gegenüber dem Hauptbahnhof mit dem in der Dachzone stark veränderten Südseehaus (1911/12), Mönckebergstraße 6, dessen reiches Neobarockportal auffällt. Ihm gegenüber liegt das Klöpperhaus, Mönckebergstraße 3, des Architekten Fritz Höger von 1912 (Umbau zum Warenhaus Kaufhof 1966/67). Beide Gebäude zeigen Klinkerverkleidung, die in den zwanziger Jahren in Hamburg nahezu verbindlich wurde. Auffällig am Klöpperhaus sind die souveräne Verwendung des Materials, die Gliederung durch Lisenen und vorgewölbte Fenstergruppen und das in die gekehlte Hausecke eingestellte Hauptportal mit Tierplastiken von August Gaul.

Als allgegenwärtige Dominante grüßt von links über

Rund ums Rathaus: die

Zu Hamburgs raren mittelalterlichen Schätzen gehört der Lukas-Altar von 1499 im Chor des südlichen Seitenschiffes der Jacobikirche. Er ist dem malend im Schrein dargestellten Apostel Lukas, dem Schutzheiligen der Maler, gewidmet. Links im Schrein erscheinen die Madonna und die mystische Vermählung der heiligen Katharina mit dem Christuskind. Die gemalten Seitenflügel zeigen links das Emmausmahl und rechts die Sterbeszene des Apostels.

Altstadt

Ein herrliches Werk aus Sandstein, farbigem Marmor und Alabaster ist die 1610 geschaffene Kanzel von St. Jacobi. Die Szenen des Kanzelkorbes zeigen: Verkündigung, Anbetung der Hirten, Kreuzigung, Auferstehung und Himmelfahrt. An der Treppe sind die vier Evangelisten dargestellt. Im Hintergrund erscheint eine Stadtansicht von Hamburg aus dem Jahre 1681 des Hamburger Malers Joachim Luhn.

die Dächer der kupferverkleidete Turmhelm von St. Jacobi (1) (die Ziffern entsprechen denen des Stadtplanes auf Seite 20/21). Im Zuge der Wiederherstellung 1959/1962 wurde er als hohes Oktogon in Stahlbetonkonstruktion errichtet. Er erinnert so pietätvoll an den kriegszerstörten Helm, der 1828 aufgesetzt worden war.

Eine Jacobskirche wird 1255 das erste Mal erwähnt. Sie bildete den Mittelpunkt für die Siedlung im Schatten des „Heidenwalls", die um 1260 in die Stadtbefestigung einbezogen wurde. Der heutige Nachfolgebau zwischen der Steinstraße und der Mönckebergstraße entstand seit etwa 1340: eine gotische dreischiffige Backsteinhalle vom Typus St. Johannis in Lüneburg mit zunächst fünf Jochen und dreiapsidialem Chorschluß. Seit dem ausgehenden 14. und bis ins 16. Jahrhundert erfolgten verschiedene Erweiterungen (Turmriegel, Verlängerung des Schiffs um ein Joch, südliches Seitenschiff). Ergänzungen entstanden auch noch in den folgenden Jahrhunderten (Gemeindesaal, Westfront durch den Hamburger Baumeister Johann Nicolaus Kuhn, Turm, Vorhalle).

Sehenswerte Ausstattung in St. Jacobi

Bestechend im Inneren ist die kostbare Ausstattung. Das *Trinitatis-Retabel* der Böttcher, ein wohl um 1515 in Hamburg entstandenes Werk mit der Darstellung der Dreieinigkeit und des Marienlebens, schmückt den Hauptaltar, während der zugehörige Baldachin heute am *Fischeraltar* von 1508 in der südlichen Apsis angebracht ist. Die gemalten Flügel, vielleicht von Wilm Dedeke, Nachfolger des bekannten Hans Borneman († 1499), stellen Szenen aus dem Leben des heiligen Petrus und der heiligen Gertrud dar. Im geschnitzten Mittelschrein erscheint zwischen den beiden Heiligen die Mondsichelmadonna.

Das bedeutendste, 1499 von der Malergilde für den Dom gestiftete Retabel, der *Lukas-Altar*, findet sich im südlichen, durch Verglasung abgetrennten Seitenschiff. Die Szene im geschnitzten Mittelschrein verknüpft zwei Heiligenlegenden: die Darstellung des heiligen Lukas, Schutzheiliger der Maler, wie er die Madonna mit Kind malt, daneben gleichzeitig die Szene der mystischen Vermählung der heiligen Katharina und des Christkinds, die in Anwesenheit von Lucia, Cyriakus und den vier lateinischen Kirchenvätern vollzogen wird. Die weltliche Sphäre ist in der Genreszene rechts dargestellt mit dem Lehrling, der für seinen Meister die Farbe reiben muß. Hervorragend ist die künstlerische Ausbildung der Figuren, die vielleicht das Werk des Lübecker Imperia-

Ein originelles Werk ist die Bronzetür des Braunschweigers Jürgen Weber von 1966 in der Westfront von St. Jacobi. Das Bogenfeld thematisiert das Jüngste Gericht mit Christus als Schmerzensmann und Weltenrichter sowie den Klugen und den Törichten Jungfrauen als Selige und Verdammte. Die Szenen der als Vorhänge gestalteten Flügel gelten Jacobus, zwischen ihnen erscheint der Erzengel Michael.

lissima-Meisters sind. Die Flügel, deren Bilder sich vor allem auf Lukas beziehen, stammen zum Teil von Hans Bornemann.
Die *Orgel* wurde 1689/93 von dem berühmtesten Hamburger Orgelbauer Arp Schnitger hergestellt, ein Konzert ist unvergeßlich. Der Prospekt stammt von dem renommierten Bildhauer Christian Precht. Dem fast einhundert Jahre älteren bedeutenden Hamburger Bildhauer Georg Baumann begegnen wir in der 1609/10 aufgestellten *Kanzel*. Diese ist ein reiches Werk des Frühbarock, dessen hervorragende künstlerische Qualität mit kostbarem Material gepaart ist: Marmor, Alabaster und Vergoldung.
Öffnungszeiten: Montag bis Freitag 10–16 Uhr, Samstag 10–13 Uhr.

Rechtes Maß in der Mönckebergstraße

Die neuangelegte Mönckebergstraße durchschnitt das alte Straßennetz und bildete spitzwinklige Parzellen, am schwierigsten zu bewältigen bei der Einmündung Spitaler- und Lilienstraße. Im 19. Jahrhundert hätte man die Restparzelle wohl für ein rasant gestaltetes Trapezhaus ausgenutzt. Ganz anders der „Klassizist" Fritz Schumacher: Er entwirft einen „Tempel", der erst im nachhinein die langjährige Nutzung als Bücherhalle erhielt und heute der (Fast-Food-) Gastronomie dient. Diesen verbindet er durch die parabelförmige Terrasse mit dem Figurenbrunnen und schafft so eine monumentale Raumplastik, Bürgermeister Mönckeberg als Denkmal gewidmet, die in wirkungsvollem Kontrast den Geschäftshäusern, dem Straßenraum und den Passanten ihr Maß zuweist.

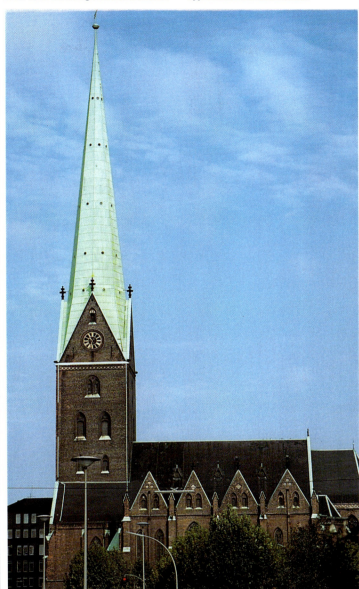

St. Petri ist, wie St. Jacobi auch, eine der fünf Hauptkirchen der Stadt. Der heutige Bau entstand nach Plänen des Architekten Alexis de Chateauneuf 1849 als neugotische Hallenkirche mit Westturm. Unübersehbares Vorbild sind die Kirchen von Lüneburg. Weithin sichtbar leuchtet der grüne Kupferhelm des Hamburg-typischen Backsteinbaus.

Ebenfalls das rechte Maß wußten die Architekten in der Nachbarschaft zur Petrikirche einzuhalten. Östlich steht das Hulbehaus, Mönckebergstraße 21, erbaut von Henry Grell 1911. Stilistisch am niederländischen Frühbarock orientiert, reflektiert es in seinen Dimensionen die alte Hierarchie zwischen Sakralbau und Bürgerhaus.
Der westlich im Hamburger Neobarock errichtete Eckbau Berg-/Mönckebergstraße von Fritz Höger von 1911 korrespondiert in den Giebeln mit den Querdächern über den Seitenschiffen von St. Petri.

St. Petri – Neubau auf altem Fundament

Die Petri-Kirche (2) selbst bildet mit ihrem wuchtigen Westriegel, aus dem sich machtvoll der Turm erhebt, ihren weiten Satteldächern über Mittelschiff und Apsiden und dem Kranz der Giebel über den Seitenschiffen den Hauptakzent im Straßenbild. Sie steht in direkter Nachfolge zur ersten, im 12. Jahrhundert bezeugten Marktkirche der Stadt.
Freilich ist der heutige Bau relativ jung, denn er entstand als erinnernder Wiederaufbau nach dem Großen Brand in den Jahren 1844/49 unter Leitung von Alexis de Chateauneuf, dem Hermann Peter Fersenfeldt und der Maler W. Gensler assistierten. Der Turm konnte erst 1878 vollendet werden.
Der Neubau übernahm die Fundamente des mittelalterlichen Vorgängers, regulierte hingegen historische Unregelmäßigkeiten. So entstand der annähernd quadratische Innenraum einer neugotischen Halle mit vierjochigem Mittel- und Seitenschiff und einem zentralisierten südlichen „Doppelseitenschiff". Durch Veränderungen, wie zum Beispiel die Verschlankung der Stützen, entstand das Ideal der protestantischen Predigtkirche mit Ausrichtung auf die Kanzel.
Aus der alten Kirche konnten

In Pontifikalkleidung mit Stab und Dommodell weist der heilige Ansgar aus der Petri-Kirche auf die Gründung des Hamburger Domes hin, wo die um 1480 gefertigte Plastik ursprünglich aufgestellt war. Als erster Bischof und Erzbischof des 831 gegründeten Bistums Hamburg ist Ansgar die älteste historische Persönlichkeit der Stadt. Der zur Mission der nordischen Völker eingesetzte Heilige starb 855.

Sein Wasser- und Brückenreichtum hat Hamburg den Namen „Venedig des Nordens" gegeben. Am „venezianischsten" ist Hamburg am Rathausmarkt, wo die Alsterarkaden die Kleine Alster säumen. Der von Alexis de Chateauneuf entworfene Bogengang entstand im Zuge der Planung für das neue Stadtzentrum nach dem Großen Brand von 1842.

Teile der Ausstattung gerettet werden. So verwandte Chateauneuf an seiner *Kanzel* Alabasterfiguren von der alten Taufe, sechs Apostel von Maximilian Steffens von 1638, und einen reich geschnitzen Baldachin von etwa 1400.

Arbeiten von Bernhard Notke und Hans Bornemann

Auf dem Hauptaltar steht eine *Kreuzigungsgruppe* vom Ende des 15. Jahrhunderts. Eine anmutige lebensgroße Sandsteinfigur der *Madonna mit Kind* stammt wohl von einem Lübecker Meister. Auch die *Holzfigur* des *heiligen Ansgar* geht auf einen Lübecker Bildschnitzer zurück; sie entstand um 1480 in der Werkstatt Bernhard Notkes. Hans Bornemann wird dagegen das aus dem Dom übernommene *Votivbildnis* des *heiligen Ansgar* zugeschrieben. Zur Ausstattung gehören auch einige gemalte Tafeln und Epitaphien. Interesse verdient weiter das Modell der alten Petri-Kirche von 1843.

Öffnungszeiten: Montag bis Freitag 8–18 Uhr, Samstag 9–17 Uhr, Sonntag 12–18 Uhr.

Gegenüber vom Chor der Petri-Kirche zeigt der Schauraum Bischofsturm im Keller des Gemeindehauses von St. Petri, Kreuslerstraße 4, das Fundament des Wohnturmes von Erzbischof Bezelin-Alebrand (1035 bis 1043): Hamburgs ältester erhaltener Steinbau.

Beispiel für die pompös-gediegene Ausstattung des Rathauses ist der Festsaal. Seine fünf Kolossalgemälde schuf Hugo Vogel von 1903 bis 1909. Sie illustrieren die Stadtgeschichte von der Urlandschaft bis zu der realistischen zeitgenössischen Ansicht aus der Blütezeit des Hafens über der Senatsestrade. Die Statuen des Prachtportals links verkörpern die Bürgertugenden Gerechtigkeit, Stärke, Weisheit und Fleiß.

Öffnungszeiten: Montag bis Freitag 10–13 und 15–17 Uhr, Samstag 10–13 Uhr. Zurück zur Mönckebergstraße. Monumentales Ziel im Westen ist das Rathaus. Sehr geschickt leitet die breite, senkrecht strukturierte Front des Versmann-Hauses (1910/11), Mönckebergstraße 29–31, in den davorliegenden Platz über. Um dem Rathausplatz trotz der zahlreichen Straßeneinmündungen städtebauliche Geschlossenheit zu verleihen, setzte Schumacher hier zum ersten Mal in Hamburg die Überbauung einer historischen Straße durch. Im modernen Straßenbild erscheint die Knochenhauertwiete heute als Torweg.

„Klein-Venedig": die Alsterarkaden

Der rechteckige Platz bildet mit der durch die Reesendammbrücke von der Binnenalster getrennten Kleinen Alster ein städtebauliches Kunstwerk ersten Ranges, das mit der Anlage des Alsterbassins, dem Bau der Häuser und Alsterarkaden (3) auf der westlichen Ufermauer durch A. de Chateauneuf direkt nach dem Großen Brand 1843/46 konzipiert wurde. Hier findet sich, seit der Erbauungszeit erhalten, die älteste Hamburger Einkaufspassage.
Etwa gleichzeitig mit den Alsterarkaden schuf J. H. Maack durch die viertelkreisförmige Treppe die geniale Verbindung zwischen Wasser und Platzfläche und vollendete das am Markusplatz orientierte Ensemble. An dieser prominenten Stelle ließ Schumacher 1930/32 das *Ehrenmal für die Opfer des Ersten Weltkriegs* errichten, eine schlichte Stele mit dem Relief der trauernden Frau mit Kind von Ernst Barlach (nach 1945 rekonstruiert, da

Wegen des moorigen Baugrundes steht das kurz vor der Jahrhundertwende fertiggestellte Rathaus auf 4000 Pfählen. Der Regierungssitz von Senat und Bürgerschaft galt bereits bei den Zeitgenossen als architektonische Meisterleistung. Das reiche Skulpturenprogramm des Neorenaissance-Baus hat „Hamburg und das Reich" zum Thema. Es verweist auf Hamburgs lange Tradition als Freie Reichsstadt und Stadtrepublik.

im Dritten Reich enfernt). In den Jahren 1980/82 wurde der Rathausplatz umgestaltet und mit dem Standbild *Heinrich Heines* von Waldemar Otto versehen, einer freien Nachschöpfung des ersten Heine-Denkmals im Stadtpark von Hugo Lederer, auf dessen Zerstörung durch die Nazis die Sockelreliefs hinweisen.

Rathaus-Neubau unter Leitung von Martin Haller

Beherrschend nimmt die Front des Rathauses (4) die Südwestseite des Platzes ein. Nach dem Brand 1842 wurde für den Ersatzbau des verlorenen alten Rathauses beinahe sofort der Standort bei der gerade fertiggestellten Börse auserkoren. Doch trotz mehrerer Entwurfswettbewerbe konnte das Rathaus erst 55 Jahre später eingeweiht werden. Und zwar nur, weil sich auf Anregung des Architekten Martin Haller seit 1880 ein Bund der renommiertesten Hamburger Privatarchitekten beziehungsweise Architekturbüros mit

dem Rathausprojekt befaßte. Von 1886 bis 1897 wurde dann endlich nach umfassenden Diskussionen über Stil und Programm das Rathaus errichtet, ein historistisch-eklektizistisches Gesamtkunstwerk von großer gestalterischer und inhaltlicher Konsequenz, das sich durch Pracht und Größe souverän in die Reihe der stolzen Rathausbauten des 19. Jahrhunderts stellt.

Kostbarer Sitz der politischen Macht

Durch kostbares Material (Granit und Sandstein als Fassadenverblender, Kupferdach), machtvolle Symmetrie, gestalterischen Reichtum im Stil der nordischen Renaissance und überwältigende Dimensionen (111 Meter Frontbreite, 112 Meter Turmhöhe) macht dieses Bauwerk im Stadtbild unmißverständlich deutlich, daß sich in ihm die politische Macht Hamburgs versammelt. So führt das Darstellungsprogramm, das die reiche Ausstattung mit Skulpturen und Gemälden bestimmt, die Geschichte und Entwicklung der Stadtrepublik vor. Freilich dient es auch der Verherrlichung der auf der Dualität von Senat und gewählter Bürgerschaft beruhenden Hamburger Verfassung (seit 1860 in Kraft, wahlberechtigt waren bis 1918 allerdings nur Besitzbürger) und der Versicherung der eigenen Bedeutung im Verhältnis zum Deutschen Reich.

Selbstbewußt – das reiche Programm der Marktfront

Am Hauptgeschoß der *Marktfront* zeugen zwanzig Kaiser des alten Deutschen Reiches von der Tradition Hamburgs als Freie Reichsstadt. In der Lünette unter dem „Triumphbogen" am Turm erscheint im Mosaik die Personifizierung Hamburgs, die Hammonia, über der sich als Bronzefiguren die Bürgertugenden Frömmigkeit, Tapferkeit, Weisheit und Eintracht versammelt haben. Sie rahmen die Devise „Libertatem quam peperere maiores digne studeat servare posteritas" (die Freiheit, die die Vorfahren errungen haben, ist es wert, daß die Nachwelt sich darum bemühe, sie zu erhalten).

An diese Vorfahren gemahnen die Familienwappen ehemaliger Senatorenfamilien auf den Schlußsteinen der Erdgeschoßfenster. Das „Fundament" dieses Gemeinwesens wird in den Büsten auf den Fensterbekrönungen des Hauptgesimses dargestellt: durch Attribute gekennzeichnete Vertreter von

Bis zum Großen Brand von 1842 war der Platz an der Trostbrücke, die mittelalterliche Verbindung zwischen der erzbischöflichen Altstadt und der gräflichen Neustadt, der Mittelpunkt der Stadt. Hier lag das alte Rathaus. Am neustädtischen Ufer ihm gegenüber rahmen die Brücke heute zwei imposante Kontorhäuser: der vom Turm der Nikolaikirche überragte Laeiszhof mit dem Pudel auf dem Dachgiebel und der Globushof.

Bürgerberufen. An den historischen Städtebund, in dem Hamburg groß wurde, erinnern die Wappen der Hansestädte in den dazugehörigen Giebelfeldern.
Auf den Spitzen der Risalitgiebel stehend, repräsentieren die alten Kirchspielheiligen gleichzeitig die seit dem Mittelalter bestehende kirchliche Gliederung und Organisation der städtischen Selbstverwaltung. Der Phönix am Turm ist eine Anspielung auf Hamburgs Wiedererstehen nach dem Großen Brand. Den reich gestalteten Turmhelm zieren Herolde mit Hamburgs Wappenschild, während an der Spitze der Reichsadler erscheint.

Historische Pracht in den Räumen

Zahlreich sind die Bezüge zwischen den Darstellungen an den Fassaden und im Inneren. Die Aufteilung des Inneren spiegelt vor allem die politische Verfassung: Von der Diele der Bürger ausgehend, wo verdiente Bürger durch Porträtreliefs geehrt sind, gehört die linke Seite des Rathauses der Bürgerschaft, die rechte dem Senat. Die beiden Treppenanläufe und die Rednertribüne zwischen ihnen sind Hinweise auf Parlamentsdebatten und Parteien. Die von Löwen flankierte einläufige Treppe führt in den prächtigen Bereich der Stadtregierung und symbolisiert den einheitlich agierenden Senat. Das Rathaus zeichnet sich durch zahlreiche Repräsentationsräume mit prächtiger historistischer Gestaltung aus.
Besonders hervorzuheben ist der 46 Meter lange große *Festsaal* zwischen der Ratsstube des Senats und dem Sitzungssaal der Bürgerschaft. Fünf Kolossalgemälde von Hugo Vogel illustrieren Hamburgs Stadtentwicklung. Sein prächtiges Mittelportal mit den Bürgertugenden als Gegenstück zu den Tugenden an der Außenseite des Turmes führt zum Saal im Mittelturm.

Erinnerung an andere Stadtrepubliken

Der *Saal der Republiken* ist ein prächtiger Kuppelraum. Auf seinen Wandgemälden sind die vier ältesten Stadtrepubliken Athen, Rom, Venedig und Amsterdam dargestellt. Nicht bildlich vertreten ist Hamburg, das seinen Status als einzige Stadtrepublik behalten hat. Das durch Alexander von Wagner 1899 ausgemalte Gewölbe zeigt Persönlichkeiten zum Thema der politischen und geistigen Freiheit.
Auf der Bürgerschaftsseite schließt der *Kaisersaal* an. Seinen Namen verdankt er dem Besuch Kaiser Wilhelms II. am 19. Juni 1895 anläßlich der Eröffnung des Nord-Ostsee-Kanals, worauf sich auch die Deckengestaltung bezieht. Das Pendant auf der Senatsseite ist der *Bürgermeistersaal* mit schwarzem italienischem Marmor und Ledertapete, der Empfangsraum des Senats.
Führungen: Montag bis Freitag 10–15 Uhr, Samstag und Sonntag 10–13 Uhr.

Lohnend ist der Blick in das Innere des durch Lichthöfe erschlossenen Laeiszhofes. Das 1898 für die durch ihre Segelschiffe bekannte Reederei Ferdinand Laeisz erbaute Kontorhaus entstand nach Plänen von Bernhard Hanssen, Emil Meerwein und Martin Haller. Traditionsbewußt steht dieser Vertreter der wilhelminischen Ära am Nikolaifleet, dem ältesten Hafenstandort der Stadt.

Verbunden mit dem neuen Rathaus ist Hamburgs Börse

Durch den gemeinsamen Hof zu einem Ensemble verbunden, schließt sich südwestlich die Börse an, ein im ältesten Teil klassizistischer Putzbau von 1829/31, der mehrfach erweitert wurde (1856 östlicher Saaltrakt, 1880/84 westlicher Saaltrakt, 1892 Vorhalle, Fassade zum Rathaushof 1909/12). Sehenswert ist der älteste Saal mit den Arkadenumgängen in beiden Geschossen und den klassizistischen Friesen.

Führungen: Nach vorheriger Anmeldung, Tel. 36 13 02 18. Über die in südlicher Richtung verlaufende Straße Börsenbrücke erreicht man ein städtebaulich und historisch ungemein dichtes Ensemble im ehemaligen Zentrum der Stadt. Seit dem frühen 13. Jahrhundert führt die Trostbrücke (5) über das Nikolaifleet von der bischöflichen Altstadt zur gräflichen Neustadt. Die heutige Brücke entstand 1882, ihre *Statuen* stellen die „Gründerväter" der Stadt dar: Ansgar für Dom und Altstadt, Graf Adolf II. von Schauenburg für die Neustadt. Im Nikolaifleet lag ehedem der Hafen, am Kai standen Waage, Kran, Börse und Rathaus.

Einstmals lag das Zentrum an der Trostbrücke

Seit 1847 nimmt das Haus der Patriotischen Gesellschaft, Trostbrücke 4, eine aus der Aufklärung hervorgegangene Institution, den Platz des 1842 zerstörten Rathauses ein. Der neogotische Backsteinbau gehört zu den traditionsreichsten Stätten Hamburgs und ersetzte zeitweilig das alte Rathaus. Er wurde 1924 in expressionistischer Backsteinbauweise spannungsvoll kontrastierend erweitert. Nach dem Brand im Zweiten Weltkrieg, dem die Schätze im Innern zum Opfer fielen, erfolgte 1949/57 die vereinfachende Wiederherstellung.

Beim Überschreiten der Brücke sieht man zwei Kontorhäuser, die die baugeschichtliche Entwicklung der Jahre um 1900 veranschaulichen: Der Laeiszhof, Trostbrücke 1, links entstand 1897/1898 für die Reederei Laeisz und reflektiert architektonisch die heute verschwundenen historischen Speicherfronten. Rechts steht der

Von der Speicherstadt über die Altstadt mit dem Kontorhausviertel und St. Jacobi bis zur Binnen- und Außenalster reicht der Blick auf dieser Luftaufnahme. Deutlich erkennbar ist die Ringstraße anstelle der ehemaligen Stadtumwallung. Sie führt rechts vom Deichtor vorbei am Hauptbahnhof und an der Kunsthalle – der zukünftigen Kunstinsel – und weiter über die Lombardsbrücke. Die Verlängerung nach links bildet die Ost-West-Straße.

Globushof, Trostbrücke 2, der in seiner barockisierenden Gestaltung den Hamburger Heimatstil vorführt. Ein Blick in Halle und Lichthof lohnt sich allemal.

Mahnende Ruine: die Nikolaikirche

Südwestlich erhebt sich die Ruine der Nikolaikirche (6). Der Nachfolgebau der 1195 gegründeten Kapelle, ehemals Mittelpunkt des Nikolaikirchspiels, wurde nach dem Brand 1846/74 neu errichtet, wobei die Gemeinde, Zentrum der Hamburger Erweckungsbewegung, von dem preisgekrönten Entwurf Gottfried Sempers absah und den Plan von George Gilbert Scott für eine romantisch-mittelalterliche Kathedrale auserkor. So entstand ein Bau im Stil der rheinischen Hochgotik – Reflex auf die Wiederaufnahme des Kölner Dombaus 1842. Der in einer Maßwerkpyramide endende Turm – mit 145 Metern ist er der dritthöchste Kirchturm Deutschlands – wurde 1882 vollendet. Nach dem Krieg blieb die ausgebrannte Ruine mit Turm als Mahnmal für die Opfer der Jahre 1933 bis 1945 bestehen. Im Turm findet sich ein *Mosaik „ecce homines"* von *Oskar Kokoschka*.

Kontorhausviertel: Höhepunkt der Klinker-Architektur

Die alte Umgebung der Kirche mit Hopfenmarkt und Bürgerhäusern ist verschwunden, statt dessen führt südlich die Ost-West-Straße als autogerechte Verbindung zwischen Millern- und Deichtor vorbei. Den Blickpunkt im Osten an dieser Achse bildet das Kontorhausviertel (7) um den Burchardplatz. Über die Domstraße, Große und Kleine Reichenstraße und Hopfen-

Die Tätigkeit des Oberbaudirektors Fritz Schumacher (1909 bis 1933) führte zur Wiederbelebung des stadttypischen Backsteinbaus. Im Zuge dieser Bemühungen entstand unter Führung des Architekten Fritz Höger der Klinker-Expressionismus. Högers Hauptwerk, das Chilehaus im Kontorhausviertel, wurde als „Flaggschiff in Stein" zum Symbol des wirtschaftlichen Wiederaufbaus nach dem Ersten Weltkrieg.

sack gelangt man dorthin. Das Kontorhausviertel mit dem *Meßberghof* (1923/25, Hans und Oskar Gerson), dem *Chilehaus* (1922/24, Fritz Höger), dem *Sprinkenhof* (1927/31, Höger und Gerson), *Montanhof* (1924/26, Distel & Grubitz), *Mohlenhof* (1928, Klophaus & Schoch & zu Putzlitz) entstand in Fortsetzung der bereits oben beschriebenen Flächensanierung der Altstadt in den zwanziger Jahren.

Diese großen Geschäftshäuser nehmen ein ganzes Stadtviertel ein und schließen sich zu einem bedeutenden Ensemble der reichen, von Klinkerfassaden geprägten Hamburger Kontorhausarchitektur der zwanziger Jahre zusammen. Auch hier hat Fritz Schumacher durch städtebauliche Entscheidungen Wirkung und Gestaltung besonders des Chilehauses – ältester und bekanntester Bau – unterstützt. Die verschiedenen, werktags zugänglichen Treppenhäuser mit ihrer gediegenen Keramikzier lohnen den Besuch.

Burchardstraße und Gerhart-Hauptmann-Platz führen zum 1912 erichteten Thalia-Theater (8), Alstertor 2, wobei in dem Komplex auf der Platzseite Geschäftsetagen zur besseren Rentabilität des Baus untergebracht wurden. Das Theater selbst stellt sich außen mit einer neoklassizistischen Säulenfront als Musentempel dar. Trotz der Kriegszerstörungen konnte jüngst das alte Foyer restauriert werden. Zuschauerraum, Garderoben und oberes Foyer stammen von der Wiederherstellung der Jahre 1956/60 und bilden ein gut bewahrtes Beispiel der Nachkriegsmoderne. Gegenüber erhebt sich seit 1922 der Thalia-Hof, Alstertor 1, der wenigstens seine Klinkerfassade von O. und H. Gerson bewahrt hat. Die Pferdefigur von Ludwig Kunstmann an der Hausecke verweist auf die historische Nutzung des Platzes als Pferdemarkt.

Vom Alstertor zum Ballindamm an der Binnenalster

Durch das Alstertor bietet sich bereits ein Ausschnitt des Binnenalsterpanoramas mit dem berühmten Hotel „Vier Jahreszeiten" am jenseitigen Ufer. Vorbei an dem Bankhaus Warburg, M. M. Brinckmann, Wirtz & Co., Ferdinandstraße 75 (Alstertor 4, Raboisen 72–80), einem herrschaftlichen neobarokken Bankpalast von 1913, und dem 1900 errichteten Haus Alstertor, Alstertor 16, das sich mit seiner reich in eklektizistischem Jugendstil dekorierten Fassade wirkungsvoll inszeniert, betritt man mit dem Ballindamm eine Uferpromenade der Binnenalster: Der rechteckig gefaßte Stadtsee weitet sich hinter der Lombardsbrücke zur Außenalster. Auf drei Seiten hingegen umfangen ihn Geschäftsbauten, wie zum Beispiel der Verwaltungsbau der HAPAG, Ballindamm 25, von Martin Haller (1903), in den Jahren von 1912 bis 1923 prägend erweitert durch Fritz Höger.

Kartenlegende

1. St. Jacobi
2. St. Petri, Bischofsturm
3. Alsterarkaden
4. Rathaus, Börse
5. Trostbrücke, Haus der Patriotischen Gesellschaft, Laeiszhof, Globushof
6. St. Nikolai
7. Kontorhausviertel
8. Thalia-Theater
9. St. Michaelis
10. Krameramtswohnungen
11. Beyling-Stift
12. Hummelbrunnen
13. Hanseviertel
14. Alte Post
15. Amsinck-Palais
16. Museum für Kunst und Gewerbe
17. Deutsches Schauspielhaus
18. Hamburger Kunsthalle, Kunstverein, Kunsthaus
19. Lombardsbrücke
20. KunstFoyer
21. Ehem. Oberpostdirektion/Postmuseum
22. Gefallenendenkmal und Gegendenkmal
23. Alter Botanischer Garten und Planten un Blomen
24. Dammtorbahnhof, Congress Centrum Hamburg
25. Museum für Völkerkunde
26. Messegelände
27. Justizforum
28. Musikhalle
29. Unilever-Gebäude
30. DAG-Haus
31. Museum für Hamburgische Geschichte
32. Wachhaus am Millerntor
33. St. Pauli Theater, Davidswache
34. St. Joseph
35. St. Trinitatis, Jüdischer Friedhof
36. Altonaer Bismarck-Denkmal
37. Palmaille
38. Altonaer Rathaus
39. Altonaer Museum
40. Deichtorhallen
41. Speicherstadt
42. St. Katharinen
43. Cremonspeicher
44. Deichstraße
45. Verlagshaus Gruner + Jahr
46. St. Pauli-Landungsbrücken, Alter Elbtunnel
47. Fischauktionshalle
48. Generalkonsulat der USA
49. Villa Badestraße 30
50. Villa Harvestehuder Weg 5/6
51. Villa Agnesstraße 1
52. Kloster St. Johannis
53. St. Johannis
54. Krugkoppelbrücke
55. Iranische Moschee
56. Gästehaus des Senats
57. Hotel Atlantic

Alle Kunstwanderungen durch die Hamburger Innenstadt auf einen Blick zeigt diese Übersichtskarte. Die jeweils in einem Kapitel genannten Objekte sind mit Punkten gleicher Farbe markiert.

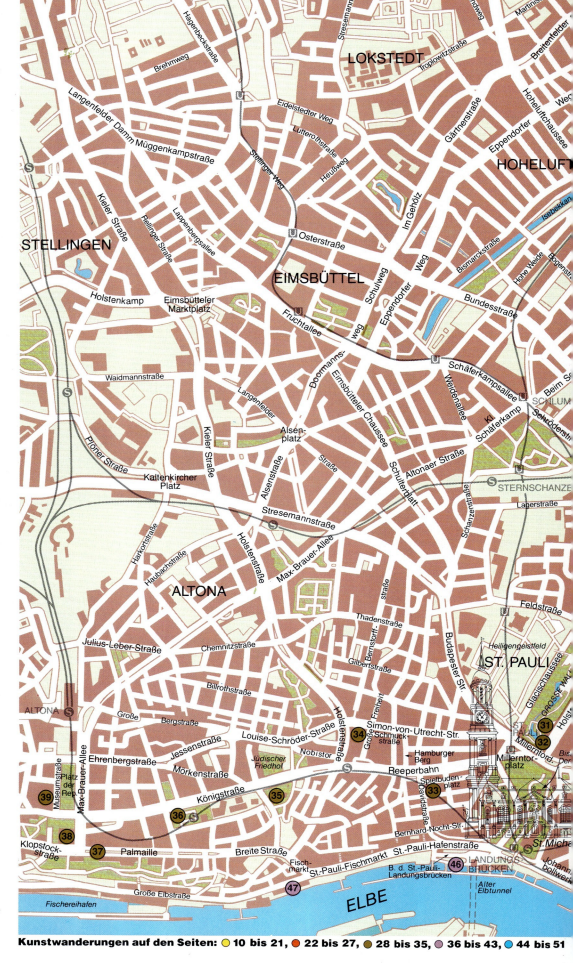

Kunstwanderungen auf den Seiten: ○ 10 bis 21, ● 22 bis 27, ● 28 bis 35, ● 36 bis 43, ● 44 bis 51

Hauptkirche Hamburgs ist die St. Michaelis-Kirche. Ihr unlängst neu kupferverkleideter Turm, der „Michel", ist das Wahrzeichen der Stadt. Der kreuzförmige zentralisierte Backsteinbau entspricht dem Ideal der protestantischen Predigtkirche im 18. Jahrhundert: der möglichst gleichmäßigen Ausrichtung aller Sitzreihen zur Kanzel, zum „Wort Gottes". St. Michaelis gilt als die bedeutendste protestantische Barockkirche Deutschlands.

Östlich der alten Wallanlagen zwischen dem Jungfernstieg an der Binnenalster und Hamburgs Wahrzeichen, dem Michel, liegt die Neustadt. Neben eleganten Geschäften und exklusiven Einkaufspassagen, die keineswegs des Reizes moderner Architektur entbehren, ist hier auch noch ein kleines Stück Alt-Hamburg zu entdecken.

Die Straße Jungfernstieg, vormals der Damm für die Obermühle, bot als Promenade am Stadtsee Binnenalster bereits im 17. Jahrhundert Bühne und Tribüne für bürgerliche Selbstdarstellung und Lustbarkeit. In dieser Tradition hält sich der Alsterpavillon, aktuell ein optimistisch-festlicher Wiederaufbau von 1953, das Hamburger Café an der Binnenalster.

Nach dem Brand von 1842 reguliert, erhielt die Uferzone mit dem Ausbau der Untergrundbahnstation ihre heutige Gestaltung. Älter sind freilich die Geschäftshäuser, mit denen sich die City an die Binnenalster heranschiebt: Nachbrandarchitektur läßt noch das ehemals viergeschossige Haus Jungfernstieg 50 erkennen. Heute ist es eingebunden in den Komplex der Dresdner Bank, zu dem auch der Kernbau von Martin Haller mit vornehmer Palastfassade und repräsentativem Lichthof, in dem die Schalterhalle doppelstöckig untergebracht wurde, gehört.

Den Jungfernstieg prägen bedeutende Fassaden wie das Gutruf-Haus, Jungfernstieg 12, das Alsterhaus, Jungfernstieg 15 (1912), das ehemalige Luxushotel Hamburger Hof, Jungfernstieg 26 (1883), und das auch nach vereinfachter Wiederherstellung delikaten Jugendstil vorführende Heine-Haus, Jungfernstieg 34. In diese Nachbarschaft integrieren sich auch jüngere Bauten wie Jungfernstieg 44, ein Vertreter des Internationalen Stils, 1932 errichtet, und das Streits Haus, Jungfernstieg 38, von 1956 mit einem der letzten Kinos der fünfziger Jahre in Hamburg.

Der Neue Wall, ehemals Teil der vorbarocken Befestigung der Altstadt, wurde vor allem seit 1900 durch die Bebauung mit Kontorhäusern der City angepaßt. Ein prächtiges Beispiel dieser Gattung ist das Hildebrandhaus, Neuer Wall 18, von 1908, dessen Straßenfassade die Skelettkonstruktion durch gliedernde Werksteinstützen und Bronzezier ins Künstlerische transponiert. Eindrucksvoll in seiner Marmorpracht ist auch der werktags zugängliche Innenbereich. Die meisten bedeutenden Kontorhäuser am Neuen Wall stammen aus dem ersten Jahrzehnt dieses Jahrhunderts.

Zwischen diesen imponierenden Geschäftshäusern bildet das nach Plänen von Godber Nissen ab 1951 am Alsterfleet errichtete Ensemble Nr. 41–43 einen wichtigen Kontrapunkt. Als eine exzellente Kombination aus Solitär und zweigeschossigen Annexbauten brachte es mit der leichten Vorhangfassade aus Glas und Metall ein Ideal der fünfziger Jahre, die durchscheinende Raumhülle, erstmals nach Hamburg.

Am Ende der Straße grüßt der „Michel" herüber, der ursprünglich nach Plänen von Ernst Georg Sonnin 1786 vollendete Turm der zweiten Michaelis-Kirche (9), die anstelle des Vorgängerbaus in den Jahren 1751/62 nach Plänen von Johann Leonhard Prey unter Mitwirkung von Sonnin entstand. Sie ist die

Die Neustadt im Westen der City

bedeutendste protestantische Barockkirche Norddeutschlands.

Der Bau steht an ungemein wirksamer Stelle auf der Geestkante südlich der Ost-West-Straße. Über die Ellerntorsbrücke und die Michaelisstraße führt der Weg zu diesem Wahrzeichen Hamburgs. Nach dem Kirchenbrand 1906 entstand die Kirche 1907/12 unter Julius Faulwasser als Replik mit einigen technischen Neuerungen wieder: Die Hamburger Bevölkerung mochte ihren Michel nicht missen.

Der Außenbau vermittelt in Formenrepertoire und Material – Backstein, Sandstein, Kupfer – den Eindruck Hamburger spätbarocker Architektur. Auf der Grundform eines griechischen Kreuzes entwickelt sich der gerichtete Zentralraum, dessen leichte Betonung der Längsrichtung noch einmal durch das Deckengewölbe unterstrichen wird.

Die Innenausstattung wurde von Cord Michael Möller in kostbaren Materialien – Marmor, Teakholz, Mosaik – rekonstruiert. Das Altarmosaik stammt von Ernst Pfannenschmidt, der Engel auf der Kanzel von Otto Lessing. In der Gruft unter der Kirche wurden 1794 E. G. Sonnin und 1798 der Musikdirektor der Hauptkirchen Ph. E. Bach beigesetzt.

Öffnungszeiten: Montag bis Samstag 11–16 Uhr, Sonntag 12–16.30 Uhr.

Krameramtswohnungen – ein letztes Stück original Alt-Hamburg

Östlich der Kirche findet sich eine der ältesten erhaltenen Wohnanlagen in Hamburg: die Krameramtswohnungen (10), Krayenkamp 10. Ein bereits 1620 entstandenes Lusthaus wurde zusammen mit dem Grundstück 1676 vom Krameramt erworben und mit zweistöckigen Fachwerkhäusern bebaut, in denen die Kramerwitwen im Alter unterkommen konnten. Von 1866 bis 1969 als Altenwohnungen von der Stadt geführt, ist das kleinteilige Hofensemble heute touristisch erschlossen.

Ein weitgehend originales Haus kann als Außenstelle des *Museums für Hamburgische Geschichte* besichtigt werden.

Öffnungszeiten: Dienstag bis Sonntag 10–17 Uhr.

Wenig Originalsubstanz findet sich dagegen in der jenseits – also nördlich – der Ost-West-Straße gelegenen

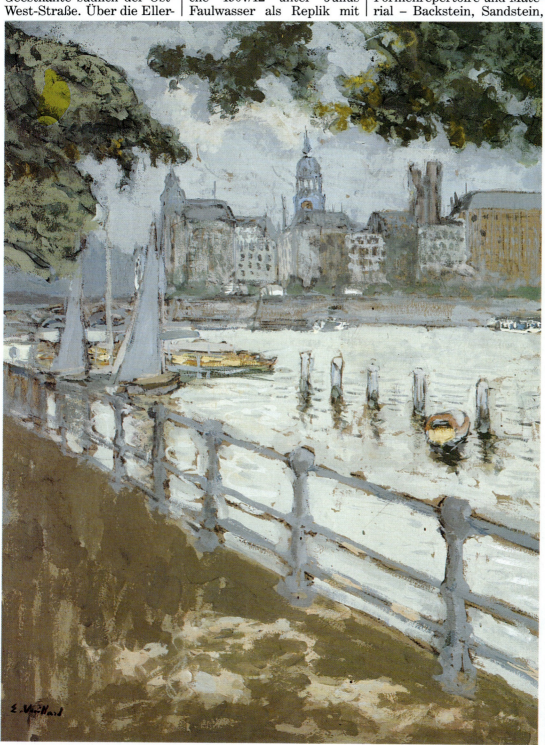

Das Faszinierende an Hamburg ist das Wasser, dessen Schönheit im Stadtbild vor allem die Hamburger selbst immer wieder verfallen. Denn welche Stadt kann schon mitten in der City zwei so große Wasserflächen aufweisen, wie sie Hamburgs Binnen- und Außenalster bilden? Im Juni 1913 malte Edouard Vuillard im Auftrag der Kunsthalle für die „Sammlung von Bildern aus Hamburg" diesen „Blick auf die Binnenalster".

3000 Menschen faßt der in Weiß und Gold gehaltene Innenraum von St. Michaelis. Eindrucksvoll umziehen geschweifte Emporen die Kreuzarme der Predigtkirche. Die heutige Kirche wurde nach Kriegszerstörungen 1952 wieder eingeweiht. Doch bereits 1906 war der originale Barockbau von 1762 bei Reparaturarbeiten abgebrannt und bis 1912 nach den alten Plänen Preys und Sonnins wiederaufgebaut worden.

Peterstraße, erreichbar über Englische Planke und Neanderstraße. Hier wurde mit großem finanziellem und handwerklichem Aufwand seit 1966 ein „Alt-Hamburger Ensemble" gestylt, das leider die Authentizität nur vorspiegelt. Lediglich das Beyling-Stift (11), Peterstraße 35–39, mit seinem massiven Mehrfamilienhaus an der Straße von 1751 und seinen um 1765 errichteten Fachwerkflügeln im Hof überliefert die historische Situation in der Neustadt.

Mittelpunkt der Neustadt war der Großneumarkt

Die Neustadt, erst durch die Erweiterung der Befestigung zwischen 1616 und 1625 angelegt, erhielt allmählich im Laufe des 18. Jahrhunderts eine dichtere Besiedlung mit Mietshäusern an Straßen und im Grundstückshintergrund an sogenannten Gängen. Diese Gänge wurden seit 1892 infolge der Cholera nach und nach weitgehend wegsaniert.

Ein großes Sanierungsgebiet aus den dreißiger Jahren liegt um Kohlhöfen/Rademachergang. Seit 1938 erinnert hier der Hummelbrunnen (12) von Richard Kuöhl (1938) an ein Hamburger Wasserträgeroriginal und an die Zeit vor der allgemeinen Wasserversorgung. Volkstümelnd bildet er den Mittelpunkt des Quartiers, Schmuck der Feierabendwelt der braven Leute.

Mittelpunkt der Neustadt war der Großneumarkt, der mit vielen gastronomischen

Am Fuße des Michels liegen versteckt hinter einem großen Tor die 1676 vom Krameramt für die Witwen der Amtsbrüderschaft erbauten Krameramtswohnungen. Die Hofanlage ist das älteste Stück Hamburg. Sie ist ein eindrucksvolles Beispiel für die damals beengten Platzverhältnisse, bedingt durch den Festungscharakter der Stadt. Eine der Witwenwohnungen ist wiederhergerichtet und zu besichtigen.

Betrieben – auch in den kleinen Seitenstraßen – heute ein Treffpunkt der Abendbummler ist. Er wird auf seiner Ostseite geprägt von Bauten um die Brüder- und Wexstraße, die in den sechziger Jahren des 19. Jahrhunderts von den Brüdern Wex angelegt und bis 1876 bebaut wurden. Hier nimmt einen die historische Atmosphäre der Großstadt des mittleren 19. Jahrhunderts mit ihren hohen Häusern an vergleichsweise schmalen Straßen gefangen. „Einfach und würdig" setzt sich hiervon die Fassade des Hertz-Joseph-Levy-Stifts ab, Großneumarkt 54–57, 1855 errichtet für bedürftige Mitglieder der ehemals großen Jüdischen Gemeinde.

Der Wexstraße nach Osten folgend, erreicht man an der Bleichenbrücke die neueste Hamburger Einkaufspassage, die in einem Parkhaus aus den fünfziger Jahren installiert wurde. Passagen heißen in Hamburg die typischen Wohnhinterhöfe des ausgehenden 19. Jahrhunderts. Etwas anderes sind freilich die modernen Ladenpassagen, überdachte fußläufige Einkaufsstraßen mit zahlreichen Läden, die im Wechsel mit Gaststätten dem Flaneur und Kunden meist exquisite Waren offerieren. Sie bieten die willkommene Gelegenheit zum Bummel unabhängig vom – wenn auch nur manchmal – herrschenden „Schmuddelwetter".

Die Passagen an den Großen Bleichen

Daneben erschließen die Passagen die Blockinnenbereiche der kostbaren Citygrundstücke für eine lukrative Nutzung. Immer reicher und schillernder gibt sich diese Welt, die – orientiert an historischen Vorbildern – hier in den letzten zehn Jahren entstand. In den Großen Bleichen zweigen rechts die Passage im Kaufmannshaus, Bleichenbrücke 10, und die Galleria, Große Bleichen 21, ab. Letztere, im Außenbau durch Backsteinverblender der umgebenden für Hamburg typischen Architektur angepaßt, entwickelt im Innern durch das kostbare Material und das Styling postmoderne Atmosphäre. Entstanden 1978/82 nach Plänen von Robert und Trixi Haussmann, zeigt diese Passage in der Hamburger Landschaft ausgefallenen, dank der architektonischen Aperçus fast ironischen Charakter.

Gegenüber findet sich ein Eingang in das Hanseviertel (13) zwischen Große Bleichen und Poststraße, das von Gerkan, Marg & Partner bis 1981 errichtet wurde. Anders als die marmorne Galleria kennzeichnet diese Passage der hamburgische Backstein in Verbindung mit Bronzeintarsien und Glas, wobei die

Ein weiteres Stück „Alt-Hamburg" zeigt die Peterstraße. Original erhalten hat sich hier nur die Nummer 29, das Beyling-Stift. Die übrigen Häuser sind getreue Nachbauten wie diese prachtvollen Barockhäuser des 17. und 18. Jahrhunderts an der Nordseite der Straße. So allerdings wie die Häuser hier heute stehen, hat es sie in der Neustadt nie gegeben.

„Dreh- und Angelpunkte" des Wegeflechts mit Kuppeln ausgezeichnet sind.

An der Ecke Große Bleichen/Poststraße bildet der Komplex einen interessanten Kontrast zur Alten Post (14), Poststraße 11, von Alexis de Chateauneuf von 1845 bis 1847 für vier Postunternehmen (Thurn- und Taxis, Kgl. Hannoversche, Kgl. Schwedische und Hamburgische) errichtet, deren erhaltener, an gotischer Palast- und Rathausarchitektur geschulter Außenbau sehr schön die architektonische Haltung der frühen deutschen Industriebaukunst veranschaulicht. Der Turm ist freilich nicht nur als große historische Geste zu verstehen, sondern nahm bis zur Einführung der Morsetelegraphie die Station eines Zeigertelegraphen auf.

Kontorhäuser in der Poststraße

Die Poststraße, entsprechend der Citybildung schon im 19. Jahrhundert zur Einkaufsstraße avanciert, ist heute geprägt von Kontorhäusern. Diese seinerzeit technisch hochmodernen Skelettbauten erfreuen heute vor allem durch die dekorativen Elemente, durch Materialvielfalt, gediegene Ausstattung und prachtvollen Dekor. Betrachtung verdienen etwa die Keramik-Fassade des Australhauses, Poststraße 17–19, von 1906, der Streits Hof, Poststraße 14–16, von 1909 mit seiner kraftvollen Tuffsteinfassade und das Körnerhaus, Poststraße 37–39, von 1905 mit seiner vom Jugendstil beeinflußten Sandsteinfassade.

Die ABC-Straße erhält ihren unverwechselbaren Charakter durch den Kontrast zwischen bescheidenen Häusern aus dem frühen 19. Jahrhundert, gründerzeitlicher Fassadenkultur und neuzeitlicher Pracht. Letztere wird in dem 1988 nach älteren Plänen von Schramm, von Bassewitz und Hupertz errichteten Hotelbau und dem jüngst eröffneten Bankgebäude, Entwurf Dietrich und Herrmann, verkörpert.

Lessing-Denkmal auf dem Gänsemarkt

Der Gänsemarkt stellte den Haltepunkt vor dem mittelalterlichen Dammtor auf der Landstraße nach Norden dar. Als dreieckiger Knotenpunkt, auf den immerhin sieben Straßen münden, blieb er in der Neustadt erhalten. Tatsächlich war er nie ein Markt, eher wohl Gänseweide, repräsentative Funktion war ihm jedenfalls nie eigen. Seine heutige platzartige Gestalt erhielt er erst 1986. Dabei bekam auch das *Lessing-Denkmal* den aktuellen Standort im Fußgängerbereich vor der Gerhofstraße. Leider blickt der Dichter nun nicht mehr in Richtung des – nicht mehr vorhandenen – Stadttheaters, an dem er von 1767 bis 1770 wirkte. Die leger sitzende Figur wurde 1881 nach einem Entwurf von Friedrich Schaper gegossen. Den Gänsemarkt dominieren die beiden mächtigen Eckbauten am Valentinskamp: südlich, Gänsemarkt 36, das Verwaltungsgebäude der Finanzdeputation, das 1918/26 von Fritz Schumacher errichtet wurde. Als städtebauliches Gelenk ordnet der Turm, gekrönt mit der charakteristisch flachen Kuppel, den Platz- und Straßenraum. Während diese Fassaden in der vertikalen Struktur die Affinität zum Kontorhaus vortragen, spiegelt das gegenüberstehende Deutschlandhaus, Dammtorstraße 1, von 1929 in der Betonung der horizontalen Elemente und Verwendung der dynamisch ausgerundeten Ecken den Einfluß der internationalen Moderne.

Folgt man dem Jungfernstieg nach Osten, so verdient das Wrangelhaus, Jungfernstieg 49, von 1914, das den expressionistischen Fassadendekor der zwanziger Jahre ahnen läßt, Interesse.

Arkaden prägen die Straße Colonnaden

Zwischen Jungfernstieg und Neuem Jungfernstieg zweigen die Colonnaden ab, die 1876/77 als eine private Spekulation eines von E. und A. Wex organisierten Unternehmerkonsortiums entstanden. Wie heute die Passagen, sollten die unbebauten innenliegenden Grundstücksflächen für eine lukrative Nutzung erschlossen werden. Die Etagenhäuser mit herrschaftlichen Wohnungen und Ladenlokalen im Erdgeschoß wurden bis 1878 errichtet, wobei sich namhafte Architekten beteiligten. Sie schufen ein bedeutendes großstädtisches Ensemble von verblüffender Dichte.

Der Neue Jungfernstieg ist eine Folge der klassizistischen Stadtplanung unter Carl Ludwig Wimmel in den Jahren um 1827. Die vornehme Bebauung bezeugt das Amsinck-Palais (15), Neuer Jungfernstieg 19, 1831/34 für den Bankier G. Jenisch von G. Forsmann errichtet, ein klassizistischer Bau von beachtlicher Qualität.

Von 1767 bis 1770 war Gotthold Ephraim Lessing Dramaturg an dem damals in Hamburg neu eröffneten Deutschen Nationaltheater. Während dieser Zeit entstand auch seine „Hamburgische Dramaturgie" mit Rezensionen aufgeführter Werke und Philosophien zum Theaterwesen. Das seit 1986 von seinem alten Standort am Gänsemarkt vor die Einmündung der Gerhofstraße gerückte Lessing-Denkmal von 1881 entwarf Friedrich Schaper.

Mit seinen Museen sowie wissenschaftlichen und kulturellen Instituten ergeben der halbkreisförmige Wallring um die Innenstadt zusammen mit seinem Vorland die Bildungslandschaft der Hansestadt. Eine postume Stiftung des 1901 verstorbenen Reeders Carl Heinrich Laeisz und seiner Witwe ist die von 1904 bis 1908 erbaute Musikhalle. In ihrer neubarocken Backstein-Architektur erinnert sie an den Sonnin-Barock der Michaeliskirche.

Hamburgs markantester Straßenzug ist der Wallring, die Ringstraße auf der alten Stadtbefestigung. Von 1616 bis 1625 hatte Johann van Valckenburgh Hamburg zur uneinnehmbaren Festung gemacht. Bereits 1805 wurden auf den Wällen Alleen gepflanzt. Heute säumen den Wallring stattliche Kultur-, Verwaltungs- und Justizbauten.

Über den Wallring nach Altona

Denkmalgeschützte Bauten statt Bastionen säumen den Weg unseres historischen Wallringspaziergangs, der uns von Osten nach Westen über die einstige barocke Festungsanlage Hamburgs führt. 1625 vollendete der niederländische Ingenieur Johann van Valckenburgh Hamburgs „uneinnehmbaren" Festungsgürtel mit 32 Bastionen, in dessen Schutz die Stadt den Dreißigjährigen Krieg überstand.

Wie viele andere Städte legte auch Hamburg zu Beginn des 19. Jahrhunderts seine Bollwerke nieder und wandelte das gewonnene Terrain in einen alleebesetzten Grüngürtel nach dem Vorbild des englischen Landschaftsgartens um. Einer Perlenkette gleich reihen sich heute Kultur-, Bildungs- und Verwaltungsbauten entlang der Ringstraße.

Das Museum für Kunst und Gewerbe (16) liegt nur einen Steinwurf vom Hauptbahnhof entfernt. Es wurde 1874/1876 nach einem Entwurf von C. J. C. Zimmermann errichtet und ist der erste Monumentalbau im Verlauf unseres Rundgangs. Ganz im Sinne des Museumsbegründers und ersten Direktors Justus Brinckmann (1877 bis 1915), dem es galt, „die Einsicht des Volkes in den geschichtlichen Entwicklungsgang der Kunstindustrie zu fördern und veredelnd auf die Geschmacksrichtung einzuwirken", ist eine der bedeutendsten Kunstgewerbesammlungen hierzulande entstanden. Gegründet als Reaktion auf die industrielle Massenware des 19. Jahrhunderts, demonstriert das Haus vorbildliches zeitgenössisches Kunsthandwerk von der Antike bis zur Gegenwart (siehe Museumskapitel Seite 81).

Parallel zum Wallring führen die Kirchenallee und dann links die Ernst-Merck-Straße durch das Bahnhofsviertel zur Kunsthalle. Auffällig beherrscht der weiße Bau des Deutschen Schauspielhauses (17) die Kirchenallee. Die Wiener Theaterbauer Ferdinand Fellner und Hermann Hellmer haben es zur Jahrhundertwende errichtet nach dem Vorbild des ebenfalls von ihnen erbauten Wiener Volkstheaters. Die Fassade zieren Büsten von Goethe, Schiller, Lessing, Kleist, Shakespeare und Grillparzer. Bekrönt wird die Schaufront von der ernsten und der heiteren Muse. Das Innere versprüht historistischen Rokokoglanz. Thema des großen Deckengemäldes des Münchners Carl Marr ist die Huldigung Hammonias an den Musengott Apoll.

Auf der ehemaligen Bastion „Vincent" thront die Hamburger Kunsthalle (18) am Glockengießerwall, eine der großen deutschen Gemäldegalerien. Die „insulare" Lage im Großstadtverkehr läßt beinahe vergessen, daß der mit Steinskulpturen und Terrakotta-Ornamenten geschmückte *Altbau* (1869) einst in die Parkanlagen des Wallrings eingebettet war und sich mit verschlungenen Fußwegen idyllisch zum Ufer der Außenalster öffnete.

Der *Neubauteil* der Kunsthalle ist eng mit dem Wirken des ersten Museumsdirektors Alfred Lichtwark (1886 bis 1914) verbunden, der die Sammlungen des Museums bedeutend vermehrte. Der Erweiterungsbau (1912/21) von Fritz Schumacher mit seiner hellen Muschelkalkfassade und der zum Hauptbahnhof gewandten Kuppel dominiert das heutige Erscheinungsbild der Museumsinsel (siehe Museumskapitel Seite 83).

Der dritte Gebäudekomplex mit dem Kunstverein und dem Kunsthaus (1961/63) signalisiert die Modernität der Nachkriegsarchitektur. Dieser zur Alster gewandte westliche Abschluß der Gesamtanlage soll der Planung nach demnächst einem monumentalen Museumsneubau von Oswald Matthias Ungers weichen.

An der Stelle der heutigen Lombardsbrücke (19) teilte der Valckenburghsche Festungsring (1616/25) den damals flächenhaften Alstersee in Binnen- und Außenalster. Hier stand das Leihhaus (Lombard), nach dem die erste hölzerne Brücke ihren Namen erhielt. Nach Erneuerungen von 1688 und 1827 war im Zuge der Umgestaltung der Wallanlagen ein Neubau notwendig geworden, der auch die Geleise der Eisenbahn nach Altona aufnehmen mußte.

Über die fotogene Lombardsbrücke in die Esplanade

Der Hamburger Brückenbauinspektor Johann Hermann Maack (1841 bis 1868), dem die Stadt viele ihrer schönsten Brücken verdankt, erledigte diese Aufgabe mit großem Geschick. Die 1865/68 errichtete steinerne Brücke mit drei Korbbogenschwüngen, später mehrfach verbreitert, erhielt reich dekorierte gußeiserne Kandelaber nach den Entwürfen von Carl Börner – ein beliebtes Fotomotiv. Wer das Binnenalsterpanorama in seiner einmaligen Verknüpfung von Wasserräumen und städtischer Architektur ungestört vom Verkehrslärm genießen möchte, begibt sich über die Kasematten direkt an die Wasserfläche.

Mit der anschließenden Esplanade ist der nächste Wallabschnitt erreicht, der einst zwei Bastionen miteinander verband. Nach Schleifung der Festungswerke richtete die Stadt Hamburg 1827/30 die repräsentative breite Promenadenstraße mit einer Lindenallee in der Mitte ein. Die maßgeblich nach den Plänen von Carl Ludwig Wimmel, dem damaligen Stadtbaumeister-Adjunkt, im einheitlichen klassizistischen Stil erbaute Prachtstraße war das Resultat strenger Gestaltungs-Verordnungen, die die Stadt als Bauherr erließ. Weniger Kriegsschäden als die alle Großstädte einholende Citybildung haben große Wunden in die Esplanadebauten geschlagen.

An der Nordseite hat die Nummer 37 als einziges klassizistisches Stadthaus überlebt; auf der Südseite überdauerten einige Häusergruppen (Nummer 14, 15–16, 17–22, 29–31). Das biedermeierliche Wohnambiente der früheren Esplanadebauten kann man heute noch im ersten Stock des Cafés Oertel (Nummer 29) genießen.

Seit 1966 führen die B·A·T Cigarettenfabriken in ihrem *KunstFoyer* (20), Esplanade 39, Kunstausstellungen mannigfaltiger Art durch. Berühmte Künstler wie Kokoschka, Nolde oder Liebermann wurden dort ebenso präsentiert wie noch völlig unbekannte, junge Nachwuchskünstler. Mit etwa 1,5 Millionen Besuchern in inzwischen über 130 Ausstellungen ist das KunstFoyer an der Esplanade zu einem fe-

Als erstes Museum der Wallanlagen entstand 1868 der Ziegelrohbau der Hamburger Kunsthalle auf der ehemaligen Bastion Vincent im Stil der italienischen Renaissance. Unübersehbar ist der kunstgeschichtliche Bildungsanspruch im Bauschmuck mit den Allegorien, Statuen und Porträtbüsten großer Maler, Bildhauer und Architekten.

Rechts: Eine Stätte ständigen Anstoßes war das faschistische Kriegerdenkmal am Dammtor mit der Inschrift „Deutschland muß leben, und wenn wir sterben müssen". Seit 1985/86 ist es mit Hrdlickas unvollendetem Gegendenkmal der Opfer von Krieg und Faschismus konfrontiert. Die Bombenkatastrophe von 1943 beschwören Bronzewand und Marmorblock vom „Hamburger Feuersturm" (rechts), KZ-Schicksale die „Fluchtgruppe Cap Arcona" (links).

sten und renommierten Bestandteil der Hamburger Kunstszene geworden.
Vom Stephansplatz bis zum Karl-Muck-Platz dominieren Staatsbauten mit dem Repräsentationsanspruch der Wilhelminischen Epoche die Ringstraße, soweit das Auge dem ansteigenden Gorch-Fock-Wall folgen kann. Auftakt bildet die geradezu schloßartige Flügelanlage der ehemaligen Oberpostdirektion (21) mit dem Merkurbekrönten Eckturm als optischer Blickfang am Stephansplatz (1883/87). Der mit allegorischen Skulpturengruppen reich geschmückte „Postpalast" beherbergt das *Postmuseum* am Stephansplatz 1.
Öffnungszeiten: Dienstag, Mittwoch, Freitag 10–16 Uhr, Donnerstag 10–19 Uhr.

Der Tradition des hanseatischen Mäzenatentums verdankt auch das private KunstFoyer in dem Hochhaus Esplanade 39 sein bereits 25jähriges Bestehen. Mit 50 000 Besuchern war die Werkschau der französischen Bildhauerin Camille Claudel (1864 bis 1943), Schwester des Schriftstellers Paul Claudel, im Herbst 1990 die bisher erfolgreichste Ausstellung: eine postume Anerkennung der zu Lebzeiten verkannten Rodin-Schülerin.

Strittige Denkmäler am Stephansplatz

Am Dammtordamm steht das unter den Nationalsozialisten aufgestellte Gefallenendenkmal (22) des 76. Infanterieregiments (1936) von Richard Kuöhl. Heute ringt der umstrittene Steinquader, dessen umlaufendes Relief marschierende Soldaten zeigt, mit seinem nicht weniger umstrittenen (Gegen-)Denkmal der Opfer von Krieg und Faschismus, deren Schicksal mit der Bronzewand „Feuersturm" und der Marmorplastik „Cap Arcona" (1985) von Alfred Hrdlicka thematisiert wird.

Am Eingang zum Alten Botanischen Garten (23) blickt man von der Bastion auf den ehemaligen Stadtgraben und damit auf ein Restdenkmal hanseatischer Entfestigungsgeschichte. Nur an dieser Stelle ist heute noch die Idee der einst die Stadt umschließenden Wallanlagen spürbar, die 1820 anstelle des Festungsgürtels traten und als erste öffentliche Grün- und Erholungsfläche Hamburgs gestaltet wurden.

Außerhalb des Wallrings, am nordöstlichen Rand vom Botanischen Garten, der heute mit der öffentlichen Grünanlage Planten un Blomen (Pflanzen und Blumen) verbunden ist, liegt Hamburgs eleganter Dammtorbahnhof (24). Die Glas-Stahl-Konstruktion mit Jugendstildekorationen von 1901/03 verleiht auch dem nahen Congress Centrum Hamburg, 1970/73 von Jost Schramm und Gert Pempelfort erbaut, noch edlen Glanz.
Nördlich des Bahnhofs dient

Die Moorweide am Dammtorbahnhof, die bevorzugte citynahe Liegewiese an schönen Sommertagen, dient gelegentlich auch als Skulpturenpark. Dauerhaft aufgestellt ist dort seit 1979 die Bronzeplastik mit dem Titel „Reclining Figure: Hand" des englischen Bildhauers Henry Moore († 1986).

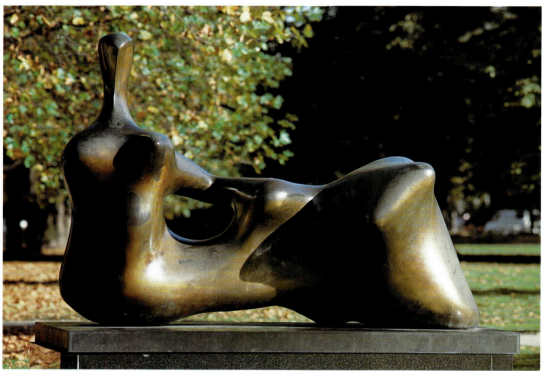

die Moorweide, ein Rest des Hamburger Glacis, zeitweise der Ausstellung von Großplastiken. Auf Dauer ist dort ein Abguß von Henry Moores berühmter Großen Liegenden aufgestellt.

Uni-Viertel, Messegelände und Justizforum

Der Rothenbaumchaussee folgend, gelangt man zum Museum für Völkerkunde (25), Rothenbaumchaussee 64 (siehe Musemskapitel Seite 85). Beim Weg zurück zum Dammtorbahnhof sollte man die parallele Schlüterstraße, die durch das Universitätsviertel führt, nehmen, um am Haus Schlüterstraße 5 neben der Staats- und Universitätsbibliothek die im September 1989 von A. R. Penck bemalte Hauswand zu betrachten. Das 425 Quadratmeter große Wandgemälde ist das bisher größte Werk des Malers aus Dresden. Es trägt die Inschrift: „Theorie in Hamburg NÄHE FERN gesehen FERNE nahgesehen WELT GESCHEHEN WELT VERSTEHEN".

Südwestlich des Dammtorbahnhofs führen überdachte Verbindungswege vom Congress Centrum zum Messegelände (26) zwischen Karolinenstraße und Jungiusstraße. Seit seiner Eröffnung zur Internationalen Gartenbauausstellung 1952/53 expandiert das Gelände ständig. 1988 fand hier Hamburgs erste Kunstmesse mit inhaltlicher Ausrichtung statt. „FORUM" wurde 1989 wiederholt und setzte sich im Dezember 1990 mit „ART Hamburg" fort. Künstlerischer Berater dieser jüngsten Hamburger Kunstmesse war Professor Dr. Otto Herbert Hajek.

Über die neuromanische Gnadenkirche (1906/07) am Holstenglacis führt der Weg zum Justizforum (27). Es ist hufeisenförmig um den Sievekingplatz angeordnet und ist zweifellos das monumentalste Ensemble von öffentlichen Bauten im Ringstraßenverlauf. Das Strafjustizgebäude (1879/82) und das Ziviljustizgebäude, beide von Baudirektor Carl Johann Christian Zimmermann errichtet, liegen sich gegenüber.

Der mächtige Kuppelbau des Hanseatischen Oberlandesgerichts (1907/12) dominiert die mit Brunnen und Figurengruppen besetzte Platzanlage. Hinter der tempelhaften Fassade verbirgt sich übrigens eine Mittelhalle, die den Caracalla-Thermen in Rom nachempfunden ist. Das Justizforum mit seiner eindringlichen Herrschaftsarchitektur zählt zu den typischen Bauaufgaben, die Hamburg infolge des Zollanschlusses an das Deutsche Reich zu bewältigen hatte.

Die Musikhalle, eine Stiftung des Reeders Laeisz

Hanseatischem Mäzenatentum verdankt die dem Justizforum gegenüberliegende Musikhalle (28) (1904/08) am Karl-Muck-Platz ihr Entstehen. Erst nach der großzügigen Spende des Reeders Carl Heinrich Laeisz und seiner Gattin war auch die kulturgeizige Hansestadt eilends bereit, einen attraktiven Bauplatz für die Konzerthalle an der Ringstraße kostenlos zur Verfügung zu stellen. Der mit vielen Farbkontrasten spielende Backsteinbau mit der hellen Sandsteingliederung, dessen Dach von leuchtendem Kupferwerk belebt wird, ist ein schönes Bei-

Vorbild für Hamburgs 1903 fertiggestellten Dammtorbahnhof ist der Berliner Bahnhof Friedrichstraße. Im Gegensatz zu dem fürs „Volk" bestimmten Hauptbahnhof pflegten hier der Kaiser und andere hochgestellte Persönlichkeiten anzukommen. Die lichtdurchflutete Halle wird von einer Sandsteinarchitektur in wilhelminischem Barock und Jugendstil eingefaßt. Besonders schön sind die Eingänge.

spiel des „barockisierenden" Hamburger Heimatstils, der an den „Sonnin-Barock" der Michaeliskirche anknüpft.
Rund um den Karl-Muck-Platz lohnt ein Blick auf die interessante Versammlung Hamburger Architektur. Das steil hinter der Musikhalle aufragende Unilever-Gebäude (29) (1958/64) von Helmut Hentrich und Hubert Petschnigg gilt unter Kennern heute bereits als bedeutender Bau der Nachkriegsmoderne.

Das DAG-Haus (Deutsche Angestellten-Gewerkschaft) (30), ein Staffelgeschoßbau mit Pfeilerfassade und bemerkenswertem Figurenschmuck (1921/22 beziehungsweise 1929/31), führt die Architekturströmungen der zwanziger Jahre vor Augen.

Das Museum für Hamburgische Geschichte (31), Holstenwall 24, ist der letzte staatliche Repräsentationsbau unseres Wallrundgangs. 1914/23 von Fritz Schumacher auf dem Platz der Festungsbastion „Henricus" anstelle der alten Sternwarte (1823/25) errichtet, bildet der selbstbewußte Klinkerbau weithin sichtbar einen Höhepunkt der Ringstraße. Die Museumsfassaden präsentieren eine Versammlung geborgener Hamburger Architekturteile, die nach Fritz Schumachers Konzeption „fast alle wieder zu organischer Funktion belebt... ein Stück Ausstellungsgegenstand geworden sind". Zu erwähnen sind die Kaiserfiguren des alten Hamburger Rathauses (1649) an der Nordfassade oder das Südportal (1604) der Petrikirche im Museumshof. Die umfangreichen Sammlungen und anschaulichen Stadtmodelle ermöglichen den besten Zugang zur Stadtgeschichte Hamburgs (siehe Museumskapitel Seite 85).

„Theorie in Hamburg NÄHE FERN gesehen FERNE nahgesehen WELT GESCHEHEN WELT VERSTEHEN" ist der Titel der über 400 Quadratmeter großen Malerei von A. R. Penck auf der Hauswand Schlüterstraße 5 im Universitätsviertel. Die im September 1989 vollendete Arbeit entstand im Auftrag der Kulturbehörde Hamburg. Sie ist beinahe ein Musterbeispiel des Penckschen Repertoires an Figuren und Zeichen.

Das Amüsierviertel St. Pauli

Der zweite Teil unseres Rundgangs führt uns nach St. Pauli und Altona. Ausgangspunkt ist der Millerntorplatz, wo das kleine klassizistische Wachhaus (32) (1819/20) von C. L. Wimmel unweit der U-Bahnstation St. Pauli an die bis 1860/61 bestehende „Torsperre" erinnert. Nach Einbruch der Dunkelheit wurden die Stadttore geschlossen, und die Hamburger Bürger schimpften über die hier zu entrichtende Akzise, eine Art Stadtzoll, die trotz Schleifung der Festung beibehalten wurde.

Ein Sprung über den verkehrstosenden Millerntorplatz, und wir stehen auf der Reeperbahn in St. Pauli, das als Ansiedlung „Hamburger Berg" bereits im 13. Jahrhundert bestand. Der Spielbudenplatz, an dessen Südostseite das Operettenhaus (Nr. 1) (1979/81) steht, hat als Standort von Buden und Zelten des ambulanten Schaustellergeschäftes eine fast zweihundert Jahre alte Tradition.

Heute führt eine traurige Ladenzeile im Pavillonsystem auf den touristischen Höhepunkt der Reeperbahn/Ecke Davidstraße, dem „Amüsierensemble mit Polizeischutz", zu. Dazu zählen das 1885 errichtete ehemalige Ballhaus, Spielbudenplatz 26, mit seiner blau-weißen gründerzeitlichen Fassade ebenso wie das St. Pauli-Theater (33), Spielbudenplatz 29–30. Hinter der Fassade von 1898 (Franz Jacobssen) verbirgt sich noch der original erhaltene Zuschauerraum des „Urania-Theaters" von 1840/1841.

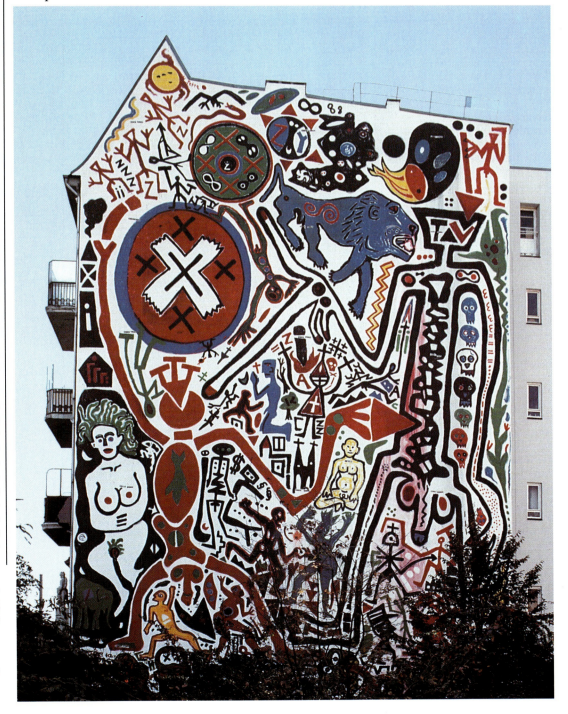

Neben diesem ältesten noch bestehenden Theatergebäude Hamburgs signalisiert die 1913/14 von Fritz Schumacher erbaute Davidswache am Spielbudenplatz/Ecke Davidstraße den Ordnungsanspruch am Kiez – ein traditionelles Hamburger Bürgerhaus in Backstein mit Keramikdekorationen von Richard Kuöhl. Hier befindet man sich im Zentrum der Amüsementtouristik.

Wir biegen in die Straße Hamburger Berg ein, an deren Ende schon von weitem die weiß verputzte Rundbogenstilfassade des ehemaligen Deutsch-Israelitischen Krankenhauses, Simon-von-Utrecht-Straße 2–4, leuchtet. 1841/43 wurde der Komplex von dem Bankier Salomon Heine zum Gedächtnis seiner Frau Betty nach Plänen von Johann Heinrich Klees-Wülbern erbaut. Als Krankenhaus der israelitischen Gemeinde mit dem im Mittelteil des Baus integrierten, heute wiederhergestellten Betsaal ist das Gebäude ein bedeutendes Denkmal, sowohl des jüdischen Emanzipationskampfes in Hamburg-Altona als auch der Medizin- und Krankenhausgeschichte. Heute ist hier eine Dienststelle der Sozialbehörde untergebracht.

In Höhe des ehemaligen Krankenhauses führt die Schmuckstraße, früher das Zentrum der chinesischen Kolonie in Hamburg, auf die Straße Große Freiheit mit der St. Josephskirche (1718/1723) als point de vue zu. Große und Kleine Freiheit sind Straßen des alten Altona, die heute zu St. Pauli gehören und deren Namen von der religiösen Freistatt künden, die Altona aufgrund seiner liberalen Verfassung den Minderheiten gewährte. So auch den in Hamburg als Kaufleute tätigen Katholiken, die ihre in süddeutschen Barockformen erbaute St. Josephskirche (34) an der Großen Freiheit 43 erhielten. Durch das Spalier weltbekannter Amüsierlokale führt der Weg über die Große Freiheit zur Reeperbahn zurück.

Mit der Reichsgründung 1871 mußte sich Hamburg auch auf dem Gebiet der Rechtsprechung in den Gesamtstaat einfügen und seine Sondergesetze aufgeben. Ab 1879 entstand das Justizforum am Sievekingplatz. Besonders eindrucksvoll ist die Eingangshalle des Hanseatischen Oberlandesgerichts. Die historische Stilvielfalt läßt auch Reminiszensen an die antike Thermenarchitektur erkennen.

Altona – die einst blühende dänische Nachbarstadt

Altona, Hamburgs stets „all zu nahe" Konkurrentin, entstand 1553 als Marktflecken auf dem Territorium der Schauenburger Grafen. Ob unter schauenburgischer oder ab 1640 dänischer Herrschaft, eines war den Landesherren stets gemeinsam: Toleranz für Glaubensflüchtlinge, geboren aus reinem Wirtschaftsinteresse an den fleißigen und kenntnisreichen Exulanten, die maßgeblich dazu beitrugen, daß Altona nach Kopenhagen zur zweitgrößten Handels- und Gewerbestadt im dänischen Reich aufstieg. Die schweren Zerstörungen des Zweiten Weltkrieges haben die einst blühende Barockstadt nahezu ausgelöscht.

So ist der Gang vom Ende der Reeperbahn über Nobistor und Königstraße ein Erinnerungsweg. An der einst belebtesten Hauptstraße Altonas stehen heute, Traditionsinseln gleich, nur noch die rekonstruierten Fixpunkte des ehemals städtischen Gemeinwesens. Wo heute die evangelisch-lutherische Hauptkirche Altonas, St. Trinitatis (35), steht, hat man sich die ehemalige Altstadt von Altona vorzustellen. Die Kirche, ein in Barockformen rekonstruiertes „Kriegsopfer", wurde 1742/43 in der Blütezeit Altonas unter dänischer Herrschaft anstelle eines Vorgängerbaus auf kreuzförmigem Grundriß errichtet (Cai Dose). Einmal sollte man St. Trinitatis umrunden, um auf der Südseite über die Geestkante zum Hafen mit dem Fischmarkt, dem ehemaligen Zentrum von Altona, zu blicken.

Gleich gegenüber der Hauptkirche liegt der Jüdische Friedhof an der Königstraße, noch heute erhaltenes Symbol der Altonaer Religionstoleranz und zugleich ein Kulturdenkmal der jüdischen Geschichte von europäischem Rang. Ein Besuch der mit hohen Gittern von der Öffentlichkeit abgeschirmten Begräbnisstätte mit den aufwendig dekorierten Grabmälern ist nur möglich mit besonderer Genehmigung der Jüdischen Gemeinde in Hamburg, Schäferkampsallee 29, Telefon 44 09 44.

1611 erwarb die portugiesische Judengemeinde (Sephardim), die ihre Toten in der Hansestadt nicht nach jüdischem Ritus bestatten durfte, diesen Begräbnisplatz auf dem schauenburgischen Territorium. Er nimmt den südwestlichen Teil des heutigen Friedhofs ein und ist an den traditionell liegend verwendeten Grabplatten zu erkennen. Ab 1619 gibt es auch Gräber der deutschen Juden (Aschkenasim); ihre nach aschkenasischem Brauch aufrecht stehenden Steine sind heute vielfach umgelegt und dokumentieren sowohl nationalsozialistischen Rassenhaß als auch Bombentreffer des Zweiten Weltkrieges.

Weiter geht es die leicht ansteigende Königstraße entlang. Das „wilhelminische Altona" begegnet uns in dem aufwendig gestalteten Wohn- und Geschäftshaus Königstraße 30 (1888/89). Ein Blick in das prächtig ausgemalte Vestibül gibt eine Vorstellung vom bürgerlichen Repräsentationsbedürfnis jener Epoche (Abbildung Seite 89).

Gleich nebenan führt ein hoher Toreingang zu „Lessers Passage" (um 1860). Die nur einseitig mit schmucken Putzhäusern bebaute Gartenpassage in guter Wohnlage führt die bürgerlich-repräsentative Variante der für Hamburg typischen Bebauung von Höfen und Durchgängen, „Terrassen und Passagen" genannt, vor Augen.

Die klassizistische Palmaille

Wir passieren das Altonaer Bismarck-Denkmal (36) von 1897, das am Rande einer Grünanlage – des einstigen Friedhofs der im Zweiten Weltkrieg zerstörten Heiligengeistkirche – steht, verfolgen die Behnstraße und biegen rechts ein in die Palmaille (37). Die in ihrer Geschlossenheit für Hamburg einmalige klassizistische Prachtstraße mit den vornehmen Stadthäusern erwandert man am besten in der Mitte der zweireihigen Baumflucht. 1638 wurde die Palmaille als Bahn für das namengebende Kugelspiel mit Hammer („palla a maglio") angelegt.

Die bevorzugte Wohnlage am Geestrand zur Elbe führte seit Mitte des 18. Jahrhunderts zur Parzellierung und Bebauung der Straße nach den Spielregeln privatspekulativer Erschließung durch finanzkräftige Unternehmer. So entstanden die ersten Mietshäuser (Nr. 104 und 106), darunter das älteste erhaltene Etagenhaus Altonas (Nr. 100, um 1870), das um die Jahrhundertwende einen prominenten Pensionsgast aufnahm: Detlev von Liliencron (1844 bis 1909) lebte und dichtete hier gemeinsam mit Richard Dehmel (1863 bis 1920), der ihm in die Palmaille gefolgt war.

Die um 1800 entstandene „klassizistische" Palmaille ist das Werk des dänischen Landbaumeisters Christian Frederik Hansen (1756 bis 1845), Absolvent der Kopenhagener Akademie der Kün-

Bis zur Eingemeindung durch das Groß-Hamburg-Gesetz von 1937 war Altona eine selbständige, an Hamburg grenzende Großstadt. Sein Rathaus entstand 1898 aus der Empfangshalle des Endbahnhofs der König-Christian-VIII.-Ostseebahn. Im Giebel der Neorenaissance-Fassade fährt das Altonaer Stadt-Schifflein sicher durch die Fluten. Davor steht das Kaiser-Wilhelm-I.-Denkmal von Gustav Eberlein.

ste und im Norden der einflußreichste, an den Bauten Palladios geschulte Architekt des klassizistischen Stils. Auf der Nordseite der Palmaille errichtete Hansen die Stadthäuser Nr. 112, 118 und 120. Darunter findet sich auch Hansens Wohnhaus mit der tempelhaft gebildeten Fensterfront (Nr. 16, 1804).

Auf der Südseite der Palmaille baute Hansen das breitgelagerte Stadtwohnhaus für den Großkaufmann Georg Friedrich Baur (Nr. 49, 1801/1802), heute Firmensitz der Reederei Essberger. Im Anschluß an sein Stadtpalais ließ G. F. Baur 1824/25 gleich zehn Mietshäuser (davon sieben erhalten, Nr. 53–65) errichten, diesmal von Johann Matthias Hansen, dem Neffen des C. F. Hansen.

Den Westabschnitt der Palmaille prägen beiderseits gründerzeitliche Bauten: Hinter den reich stuckierten Fassaden der ehemaligen Patrizierhäuser Nr. 73–79 verbergen sich heute durchgehende Bürogeschosse. Dafür ist im Hof des Etagenhauses Nr. 126/130 (1885) noch die Terrassenbebauung gehobenen Standards zu erkennen. Am Ende der Palmaille hat das Empfangsgebäude (1843/1844) der ehemaligen „König-Christian - VIII. - Ostseebahn" durch Umbau (1896/1898) die Verwandlung vom Bahnhof zum neuen Altonaer Rathaus (38) (heute Sitz des Bezirksamtes) erlebt. Dort, wo einst die Gleisanlagen des alten Kopfbahnhofs endeten, wurde seit der Jahrhundertwende das neue Stadtzentrum Altonas um den Platz der Republik planmäßig angelegt.

Ganz in der Nähe liegt das Altonaer Museum (39), Museumstraße 23, das Norddeutsche Landesmuseum (s. Museumskapitel Seite 86).

Mit dem in Altona tätigen dänischen Architekten Christian Frederik Hansen (1756 bis 1845) hielt der Klassizismus Einzug in das heutige Hamburg. Mit der Bebauung der Palmaille schuf er ein Gesamtkunstwerk höchster Qualität. Etliche seiner Bauten haben sich bis heute erhalten, wie hier im Vordergrund des Bildes zum Beispiel Hansens 1804 erbautes ehemaliges Wohnhaus.

Am Nikolaifleet begann die Geschichte des Welthafens Hamburg. Denn im Mittelalter lag an dem seit tausend Jahren gleichgebliebenen Wasserlauf der älteste Hafen der Stadt. Gemäß der historischen Bedeutung findet man hier am Fleet einen letzten Rest „Alt-Hamburg". Im Gegensatz zu ihren zum Teil veränderten Vorderfronten an der Deichstraße haben sich die Rückseiten der alten Kaufmannshäuser fast unverändert erhalten.

Mit der Gründung der Neustadt für Kaufleute und Schiffer und den 1189 von Kaiser Barbarossa erteilten Privilegien begann Hamburgs Entwicklung zum Welthafen. Der damals noch an der Alster gelegene Hafen wurde schon bald zum Elbhafen. Ein Gang entlang des Hafenrandes ist auch heute noch eine interessante Begegnung mit der Geschichte.

Die Uferpromenade an der Elbe zwischen den Deichtor - Markthallen und dem Altonaer Fischmarkt führt zu den bedeutendsten Zeugnissen der jahrhundertealten Geschichte der Hafenstadt. Nirgendwo ist die einst enge Verzahnung von Stadt und Hafen, deren schrittweise Entflechtung mit der Industrialisierung begann und sich durch die Verdrängung von Hafenfunktionen durch die ausufernde City aktuell fortsetzt, in einer so dichten Folge von Baudenkmälern gegenwärtig wie am nördlichen Hafenrand.

Als Ausgangspunkt dieses Stadtspaziergangs bieten sich die am Deichtor des ehemaligen Wallrings gelegenen Großmarkthallen (1911/14) an, die – wie ähnliche Bauten in anderen europäischen Großstädten – jahrzehntelang dem Obst- und Gemüsehandel dienten. Seit 1989 sind die Deichtorhallen (40) zu einem Ausstellungszentrum für moderne Kunst umfunktioniert. Während im Innern die Eisenkonstruktion der „Ingenieursbaukunst" dominiert, erinnern die Mansarddächer und das ornamentierte Backsteinmauerwerk an lokale Bautraditionen. Wo heute die Flutschutzmauer verläuft, verbanden bis in die sechziger Jahre Landungsbrücken und Pontons die Hallen mit dem für die Erzeuger aus dem Umland wichtigen Wasserweg.

Vorbei an den Klinkerbauten des Kontorhausviertels (siehe Seite 19) führt die Uferpromenade zur Kornhausbrücke, einem seit 1903 mit den Statuen von Vasco da Gama und Christoph Kolumbus geschmückten Hauptzugang zur Speicherstadt (41). Dieser große Lagerhauskomplex entstand zwischen 1885 und 1913 (Block W erst 1927) im Zusammenhang mit dem Zollanschluß Hamburgs an das Deutsche Reich (1888), durch den die Stadt ihren Status als Zollausland verlor, dafür aber ein begrenztes Freihafengebiet erhielt, in dem die Kaufleute weiterhin Waren zollfrei lagern können.

Der räumlichen Nähe der Freihafenspeicher zur Stadt opferte man den Kehrwieder, ein Arbeiterquartier mit Fachwerkwohnhöfen, und den Wandrahm, ein altes Kaufmannsviertel mit Renaissance- und Barockhäusern (vergleiche die entsprechenden Straßennamen). Der Abbruch dieser Stadtteile nahm etwa 24 000 Menschen ihre Wohnungen und brachte Hamburg den Titel „Freie und Abrißstadt" ein (Alfred Lichtwark).

Mit ihren Treppengiebeln, Türmchen, Spitz- und Segmentbogen stehen die Backsteinbauten in der Tradition der in der Mitte des 19. Jahrhunderts gegründeten Hannoverschen Bauschule, aus der auch der für die Gestaltung verantwortliche Oberingenieur Franz Andreas Meyer kam. Die mittelalterliche Backsteingotik galt dieser Architekturschule als Vorbild für ihr Streben nach materialgerechter und zugleich zweckmäßiger Gestaltung. Gelbe Ziegelbänder und goldene Schriftzüge (Neuer Wandrahm 1–4), Glasurziegel (Brook 1–2) und Glasstei-

Historische Bauten am Hafenrand

Jüngstes Kultur-Geschenk an die Hansestadt sind die Deichtorhallen. Der Bergedorfer Industrielle und Mäzen Kurt A. Körber ließ die ehemaligen Gemüse- und Blumenmarkthallen für 25 Millionen Mark in ein neues Kulturzentrum mit rund 6000 Quadratmeter Ausstellungsfläche umwandeln, das am 4. September 1989 eingeweiht wurde. Die beiden zwischen Hauptbahnhof und Hafen gelegenen Hallen von 1911/12 sind zudem historisch wertvolle Zeugnisse der Industriearchitektur im Übergang vom Jugendstil zu den Bauformen unseres Jahrhunderts.

ne (in Augenhöhe: Brook 3) lassen die „einfache, solide Backsteinarchitektur" aber zugleich kostbar, als „gigantisches Schatzkästlein" erscheinen, in dem sich hanseatischer Wohlstand verbirgt.

Ein eigenes Viertel: die Speicherstadt

Am Speicher Brook 3 lohnt ein Blick zum rückseitigen Fleet. Wie die alten Kaufmannshäuser in der Stadt, so sind auch die Freihafenlagerhäuser zur Straße und zum Wasser hin erschlossen. Bis zur Containerisierung in den sechziger Jahren kam ein Großteil der Waren (Tee, Kaffee, Kakao, Gewürze, Hülsenfrüchte, Nüsse usw.) als Stückgut auf Schuten an. Heute bringen Lastwagen die Waren in Containern vor die Luken, dort werden sie in der Regel per Hand entladen. Gabelstapler sind hier nur bedingt einsetzbar. Dies gilt als Zeichen für die Rückständigkeit der Speicherstadt und dient als Argument für Umnutzungspläne. Die Quartiersleute, Lagerspezialisten, die hier die Speicher gemietet haben, führen dagegen die optimale Klimatisierung der Lagerhäuser ins Feld, die keinerlei zusätzliche Heizung oder Kühlung erfordert.

Noch lagern in der Speicherstadt Waren aus aller Welt, man sieht und riecht es. Sie gilt als größtes Orient-Teppich-Lager Europas. Wenn hier Büros, Lofts, Boutiquen und Kneipen entstehen sollten, wird ein weiteres Stück Hafen-Stadt verschwinden.

Der Weg zurück zur Kornhausbrücke über Pickhuben führt vorbei am ehemaligen Verwaltungsgebäude der Hafen- und Lagerhausgesellschaft (1888), Am Sandtorkai 1, das sich mit seinen Sandsteinverzierungen, Erkern und Türmchen deutlich abhebt und mit einer St. Annenstatue an die 1869 dort abgerissene St. Annenkapelle erinnert.

Das „Rathaus" der Speicherstadt ist das 1903 neu errichtete Verwaltungsgebäude der Hamburger Hafen- und Lagerhaus AG, Bei St. Annen 1. In seiner Schmuckhaftigkeit entspricht der Bau im Stil der deutschen Frührenaissance den für Rathausbauten der Gründerzeit in Deutschland üblich gewordenen Architekturformen.

Bei St. Annen 1 steht das mit der Erweiterung der Speicherstadt nach Osten geplante neue „Hafenrathaus" (1903), der heutige Verwaltungsbau der Hamburger Hafen- und Lagerhaus AG, in vom Jugendstil beeinflußten „altdeutschen" Neorenaissanceformen.

Zippelhaus 1–7: ein früher Kontorhauskomplex

Im Gefolge der Speicherstadt entstand das Ensemble Zippelhaus 1–7, ein früher Kontorhauskomplex. Der figürliche Schmuck dieser Wohn- und Geschäftshäuser stellt Bezüge zu Handel und Gewerbe her: Den Giebel des „Transporthauses" Nr. 4 (Architekt Martin Haller, 1890/91) krönt die Figur eines Kutschers im Kostüm des 18. Jahrhunderts, begleitet von seinem Hündchen; das Haus Nr. 3 (1890/91), Sitz einer Druckerei, schmücken Hermen von Gutenberg und Senefelder, das Haus Nr. 1–2 (1890/91) niedliche Putten, die mit Hafenbau- und Transportarbeiten befaßt auf den Freihafen gegenüber verweisen. Der Straßenname „Zippelhaus" geht zurück auf den Bardowicker Gemüsespeicher (Zippel=Zwiebel), der hier seit 1535 stand und 1887 abgerissen wurde.

St. Katharinen, eine der ehrwürdigen Hauptkirchen

Die Katharinenkirche (42), einst der Mittelpunkt des Kaufmannsviertels der südlichen Altstadt, wurde nach schweren Kriegszerstörungen 1950/59 aus den Mauerresten heraus rekonstruiert. Der dreischiffige Backsteinbau geht zurück auf mehrmals geänderte Pläne aus dem 14. und 15. Jahrhundert. Das mächtige, über alle drei Schiffe der Pseudobasilika heruntergezogene Dach ist Ergebnis von Umbauten aus der Mitte des 17. Jahrhunderts. Aus dieser Zeit stammt auch der barocke Turmhelm mit einer goldenen Krone, dem Emblem der heiligen Katharina, in der Spitze. Als Pendant zur Speicherstadt städtebaulich wirksam freigestellt erscheint die Katharinenkirche erst nach dem Ausbau des Zollkanals (1888) und dem damit einhergehenden Abriß der Häuser an der Südseite der Straße Bei den Mühren.

Eine Rarität verbarg sich bis vor kurzem hinter dem kleinmaßstäblichen Putzbau Bei den Mühren 69: An das Vorderhaus (um 1850, umgebaut 1880/90) schloß sich ein schmales Fachwerk-Hofgebäude aus der Zeit um 1700 an, dahinter lag am ehemaligen Katharinenfleet ein Speicher aus der Mitte des 19. Jahrhunderts. Das dreiteilige, zwischen Fleet und Straße gelegene Ensemble stellte somit das letzte Beispiel eines Kaufmannshofes dar, wie sie für die tiefen Fleetgrundstücke der vorindustriellen Altstadt charakteristisch waren. Die Rettung dieses Baudenkmals ging leider auf Kosten des überlieferten Befundes: Das schmale Hofhaus wurde abgerissen und neu aufgebaut; der rückwärtige Speicher ist neben den „althamburgischen" Neubauten kaum wiederzuerkennen.

Wenige Schritte weiter westlich zweigt die Reimerstwiete ab, ein schmales Zwischengäßchen mit einer Reihe von Fachwerkgiebelhäusern (Nr. 17–21) aus dem späten 18. und frühen 19. Jahrhundert. Es handelt sich um Wohn- und Gewerbebauten „kleiner Leute". Alte Adreßbücher nennen Bäcker, Rebschläger, Grützmüller und Schlosser als Nutzer und Bewohner. Die industriell gefertigten Gußeisenstützen in den unteren Geschossen geben Hinweise auf Umbauten beziehungsweise Umnutzungen im vergangenen 19. Jahrhundert.

Der alte Kran, der inzwischen frisch gestrichen eine Plattform der Uferstraße ziert, wurde 1857/58 als moderner Handkurbelkran aufgestellt. 1896 auf elektrischen Antrieb umgerüstet, arbeitete er bis 1974. Die Straße Beim Neuen Kran ist allerdings bereits nach sei-

Die heutige Hauptkirche St. Katharinen entstand im wesentlichen zwischen 1380 und 1450. Ihr mächtiges Dach überspannt drei Schiffe und den Chor, wodurch eine Pseudo-Basilika oder Stufenhalle entstanden ist. Der Westturm trägt seit 1659 eine barocke Haube. Auch St. Katharinen war ein Opfer der Kriegszerstörungen und wurde bis 1958 wiederaufgebaut.

nem mittelalterlichen Vorgänger benannt. Der Kranwärter, der für diesen und zwei weitere Kräne zuständig war, hatte seine Wohn- und Diensträume im zinnenbekrönten Gebäude Hohe Brücke 2, das 1887/88 im Zusammenhang mit den Zollanschlußbauten errichtet wurde.

Alte Speicher prägen die Straße Cremon

Die Cremonspeicher (43), Cremon 33–36, eine Lagerhausgruppe aus dem 18. und 19. Jahrhundert, stehen für ein Stück Speicherbaugeschichte außerhalb des Freihafens. Mit dem Zollanschluß büßten die innerstädtischen Lagerhäuser ihre Freihandelsvorteile ein. Umbauten und Umnutzungen waren die Folge. Der nachträgliche Einbau von Luken (1913) an der Straßenseite des um 1800 erstellten Backsteinspeichers Nr. 34 sollte diesen für den binnenländischen Warenverkehr attraktiver machen – und kostete dem zwischen Warenballen und Fässern ruhenden Handelsgott seinen angestammten Platz über dem Portal der Mittelachse.

Die Hohe Brücke bietet einen schönen Blick auf das Nikolaifleet und die Rückseiten der Kaufmannshäuser an der Deichstraße (44). Windenausleger an den Giebeln verweisen auf den vorindustriellen Warenumschlag: Die Schiffe machten im Binnenhafen, jenseits der Hohen Brücke, an Duckdalben fest. Die Waren wurden von den Schiffen auf Schuten verladen, diese in die Fleete gestakt und dann von den flachen Schiffen auf die Lagerböden hochgehievt.

Alt-Hamburg in der Deichstraße

In der 1304 erstmals erwähnten Deichstraße ist das letzte Ensemble althamburgischer Kaufmannshäuser erhalten geblieben. An die Erstbebauung der Straße im Westen erinnert heute nur noch die um 1750 erbaute Giebelfront Nr. 42, die zugleich die ursprüngliche Straßenbreite markiert.

Eine baugeschichtliche Besonderheit „verdankt" die Deichstraße dem Großen Brand von 1842, der auf dem Grundstück Nr. 38 ausgebrochen war: Im südlichen, vom Brand verschont gebliebenen Teil steht neben dem Speicher Nr. 27 (um 1780) noch eine Reihe von (teilweise rekonstruierten) Bürgerhausfassaden aus dem 17. und 18. Jahrhundert. Beim Haus Nr. 25 sprang das Feuer auf die andere Straßenseite über.

Die vom Brand zerstörten und unmittelbar danach wiederaufgebauten Häuser Nr. 19–25 und Nr. 32 dokumentieren als Putzbauten mit klassizistischen (Nr. 32, 21, 23) oder romantisch-histori-

Mit fünf restaurierten zwischen 1761 und 1824 errichteten alten Fachwerkbauten ist die Reimerstwiete auf der Cremon-Insel das letzte erhaltene Beispiel ihrer Art. Twieten waren schmale Durchgangswege zwischen den Deichstraßen der Marschinseln. Sie wurden erst spät bebaut. Das originale Straßenpflaster läßt noch heute erkennen, wie eng die Straße war.

Einst war die heutige Traditionsinsel Cremon am Nikolaifleet eine Marschinsel, die man nach der Neustadt-Gründung Ende des 12. Jahrhunderts eingedeicht hatte. Im Straßenzug Cremon hat sich in den Häusern Nummer 33 bis 36 der letzte Rest einer alten Warenspeicher-Reihe erhalten, wie sie noch bis zum Zweiten Weltkrieg Hamburgs Fleete säumte, auf denen per Schiff die Ware angeliefert wurde.

stischen Fassaden (Nr. 19) die Bandbreite der Architektur, die mit dem Wiederaufbau nach dem Großen Brand das Bild der Innenstadt bestimmte. Die Kontorhäuser Nr. 29 und Nr. 51 schließlich, die sich seit 1905 beziehungsweise 1909/10 auf jeweils mehreren Bürgerhausgrundstücken breitmachen, verweisen auf die im späten 19. Jahrhundert einsetzende Verdrängung der überkommenen Wohnnutzung (Citybildung). Das Baumaterial Backstein und das barockisierende Portal stellen das Kontorhaus Nr. 29 in die Tradition althamburgischer Bürgerhausarchitektur. Ein Blick in die reich dekorierte Jugendstil-Eingangshalle lohnt sich.

Ingenieur-Baukunst: die Hoch- und Untergrundbahn

Ein Stück Großstadtarchitektur des Industriezeitalters stellt die hier am Hafen als Viadukt angelegte Hoch- und Untergrundbahn dar, die seit 1912 als „Ringlinie" zwischen Barmbek und den Landungsbrücken verkehrte (heute Strecken der U3 und U2). Die Haltestelle Baumwall besticht durch ihre strenge Eisen-Glas-Konstruktion, die – im Unterschied zu anderen Stationen – auf jede zusätzliche künstlerische Gestaltung verzichtet. Hinter der Hochbahn ragen die vier Südfronten des Verlags Gruner + Jahr (45) hervor, Baumwall 11. Auch wenn die Architektur (Steidle/Kießler) mit bullaugenähnlichen Fenstern und Balkonen, die an Relings und Schrägstützen, die an Hafenkräne denken lassen, vielfältige formale Bezüge zum Hafen herstellt und die als Kommunikationsorte gedachten Gänge und hofartigen Räume zwischen den Häuserzeilen vielleicht Erinnerungen an die alten Gängeviertel wecken: Der Neubau der Medienstadt im ehemaligen Hafenviertel macht den gegenwärtigen Strukturwandel unmißverständlich deutlich.
Unter dem Viadukt bei den Vorsetzen steht ein unscheinbares Zeugnis der Großstadtgeschichte: das in Jugendstilformen gehaltene Einstiegshäuschen in das 1899/1904 angelegte Geest-Stamm-Siel, einen Hauptstrang der Kanalisation.
Die St. Pauli-Landungsbrücken (46) und ihr mächtiges Empfangsgebäude (1907/09) dienten als „Bahnhof" für die großen Überseelinien, aber auch für den Fährverkehr, die Seebäderschiffahrt und für Viehtransporte. Heute legen hier die Hafenfähren und Rundfahrtschiffe ab. Mit Türmen, Torbogen und Kuppeln mutet der Quaderbau aus rauhem Werkstein festungsartig an; der plastische Schmuck gibt der Anlage einen archaisch-nordischen Charakter.

Der Alte Elbtunnel bei den St. Pauli-Landungsbrücken

Der pantheonartige Kuppelbau des Alten Elbtunnels (1907/11) verrät nicht ohne weiteres, daß sich darunter ein zu seiner Entstehungszeit als Sensation gefeiertes Ingenieurbauwerk befindet. Die beiden über Treppen (heute Rolltreppen) und Aufzüge erreichbaren Tunnelröhren ersparten Fahrzeugen den Umweg über die Elbbrücken und machten die Arbeitsplätze im Hafen unabhängig vom Wasserwege und den Behinderungen durch Eis und Nebel erreichbar.
Auf der Geestkante hinter den Landungsbrücken reihen sich hafen- und schiffahrtsbezogene Bauten zu einem beeindruckenden Panorama: Im Hotel Hafen Hamburg steckt das älteste Gebäude dieses Komplexes, das 1858/

Auch das westliche Ufer des Nikolaifleetes war einst eingedeicht, wie es der Name der Deichstraße verrät. Hier befindet sich das letzte größere Ensemble alter Hamburger Kaufmannshäuser. 1842 war in der Deichstraße der Große Brand ausgebrochen. Beim Wiederaufbau entstanden um 1845 die Häuser Nummer 19 und 21 mit Fassaden in schlichtem Klassizismus und beachtenswertem Rundbogenstil.

Seit 1982 steht Bernhard Luginbühls Hafentorfigur an der Überseebrücke. Mit dem Elbstrom im Hintergrund nimmt sie Bezug auf Hamburg als Hafenstadt und „Tor zur Welt". Bewußt sind daher vom Künstler Materialien aus der Welt des Hafens und seiner Industrien gewählt. So stammt das Kernstück der Eisenplastik aus Teilen eines nie zu Wasser gelassenen Tankers, die Luginbühl dann mit gefundenen Stahlteilen aus Schiffsschraubenfabriken und Werften zu seiner imposanten Plastik zusammengeschweißt hat.

1863 von hamburgischen Reedern errichtete Seemannshaus, das Seeleuten Unterkünfte und ein Krankenhaus bot. Da – möglicherweise wegen der dort herrschenden strengen Sitten („Seemannskloster") – die erwartete Resonanz ausblieb, wurde es bereits seit 1868 umgenutzt.
Der mit Giebeln nach Vorbildern der niederländischen Renaissance bekrönte Backsteinbau Bernhard-Nocht-Straße 76 beherbergte ursprünglich die Navigationsschule (1903/05), heute sitzt hier das Seewetteramt. Mit dem Rückgriff auf vorindustrielle, regionale Architekturformen verband der Architekt Albert Erbe, der bis 1909 das Hamburger Hochbauwesen bestimmte, die Vorstellung, eine spezifisch hamburgische Architektur zu begründen.

Ein Schumacher-Bau im Heimatstil: das Tropenkrankenhaus

Zehn Jahre später (1910/14) entstand – ebenfalls im „Heimatstil" – nach Entwürfen von Fritz Schumacher, dem Nachfolger von Erbe, das Bernhard-Nocht-Institut für Schiffs- und Tropenkrankheiten, Bernhard-Nocht-Straße 74, eine von Hamburg und dem Reich getragene Forschungs-, Pflege- und Ausbildungsstätte. Das mit einem turmartigen Aufbau nach Westen – zum Meer hin – orientierte Gebäude bildet den Abschluß dieses Ensembles, das in besonderer Weise die Bedeutung Hamburgs als „des Deutschen Reiches Tor zur Welt" unterstreicht.
Weit über Hamburg hinaus bekannt sind die umstritte-

Die St. Pauli-Landungsbrücken sind der „Hauptbahnhof" für den Personenverkehr im Hafen und auf der Elbe. Wie der Verkehr zu Lande sollte auch der Schiffsverkehr zu Anfang unseres Jahrhunderts ein repräsentatives Abfertigungsgebäude erhalten: mit Kuppeln und Türmchen aus mächtigen Bossenquadern. Allegorische Figuren von Nord- und Südwind flankieren dabei den Zugang in der Mitte.

nen Häuser an der Hafenstraße, die ursprünglich Neubauten weichen sollten. Die nach einer bedrohlichen Eskalation im November 1987 durch den damaligen Bürgermeister Klaus von Dohnanyi angesteuerte friedliche Lösung in Form eines Wohnmodells ist noch immer gefährdet.

Vom ehemaligen St. Pauli Fischmarkt, der im späten 19. Jahrhundert in Konkurrenz zu Altona unmittelbar an der Grenze ausgebaut wurde, sind nur noch der Straßenname und eine kleine Gebäudegruppe übriggeblieben: Die 1898 von den Rathaus-Architekten Hanssen & Meerwein entworfene Gaststätte „Fischerhaus" und einige Fischpack- und -versandhallen (St. Pauli Fischmarkt 14, 18–20).

Dem Gedenken an die 30 000 Toten der zivilen Seefahrt der letzten hundert Jahre ist das Seefahrerdenkmal gewidmet, eine Bronzeplastik in Form einer auf einer riesigen Meereswoge kauernden Frau (Manfred Sihle-Wissel), die der Verein „Platz der Seefahrt, Seemannsgedenkstätte Hamburg e. V." 1985 auf der Uferpromenade aufstellen ließ.

Altonaer Fischmarkt mit attraktiver Fischauktionshalle

Die in den letzten Jahren erfolgte Neubebauung des berühmten Altonaer Fischmarktes orientiert sich an der trichterförmigen Gestalt, die auf Vergrößerungen des Platzes im ausgehenden 19. Jahrhundert zurückgeht. Der ursprüngliche Fischmarkt – seit 1703 als Sonntagmorgen-Markt verbürgt und immer noch bei Einwohnern wie Gästen hoch im Kurs – bestand lediglich aus einer Erweiterung der Großen Elbstraße.

Im Rahmen der jüngsten Baumaßnahmen bekam auch der 1742 aufgestellte Minervabrunnen wieder eine Figur – eine für die Göttin Minerva etwas ungewöhnliche Schöpfung von Hans Kock; ihre Vorgängerin war im Krieg zerstört worden.

Das prominenteste Zeugnis für die einstige Bedeutung Altonas als Fischereihafen ist die 1982 restaurierte Fischauktionshalle (47), die zumindest zu Fischmarktzeiten mit Musik und Gastronomie die Menschen anlockt. Mit ihrer Glas-Eisen-Konstruktion in Form einer Basilika stellt sie ein beeindruckendes Beispiel der Ingenieurbaukunst des 19. Jahrhunderts dar. Die Stadt Altona, seit den 1880er Jahren der wichtigste Anlandeplatz der deutschen Fischereiflotte, ließ die Halle 1895/96 errichten. Nach Kriegszerstörungen notdürftig repariert, verlor sie durch den drastischen Rückgang der Anlandungen in den siebziger Jahren ihre Bedeutung. Die Restaurierung der Halle eröffnete die geplante Umnutzung des nördlichen Elbufers.

Seit den 1880er Jahren hatte sich Altona zum Hauptanlandeplatz der deutschen Fischereiflotte entwikkelt. In jener Zeit entstand 1896 auf dem Altonaer Fischmarkt die große Fischauktionshalle mit ihrer reizvollen Eisenkonstruktion. Rund hundert Jahre später ist sie von 1982 bis 1984 wieder instand gesetzt worden und bietet heute den verschiedenartigsten Veranstaltungen Platz.

Heute Generalkonsulat der USA ist die einstige Villa von Wilhelm Anton Riedemann, dem Begründer der Deutsch-Amerikanischen Petroleum-Gesellschaft, der späteren Esso, am Alsterufer 27. Sie ist der Auftakt der stattlichen Villenbauten an der Außenalster, wo die „Society" der Jahrhundertwende fürstlich residierte und ihr exklusives Leben führte. Kein Geringerer als der renommierte Architekt Martin Haller errichtete die Villa um 1880.

Mit der Befestigung im 17. Jahrhundert entstand die Trennung des bezaubernden Stadtsees in Binnen- und Außenalster. Das Ufer der Außenalster vor den Toren der Stadt wurde zum bevorzugten Land- und später Wohnsitz der reichen Kaufleute, Reeder und Bankiers, die hier ihre prachtvollen Villen erbauen ließen, an einer der feinsten Adressen.

Der Elbe Schiffahrt macht uns reicher, Die Alster lehrt gesellig sein! Durch jene füllen sich die Speicher, Auf dieser schmeckt der fremde Wein." Mit diesen Worten besang schon der Hamburger Dichter Friedrich von Hagedorn (1708 bis 1754) die Perle der Innenstadt, Hamburgs „glitzerndes Juwel".

Die Alster, ein kleiner Nebenfluß der Elbe, nur 54 Kilometer lang und an sich unbedeutend, entspringt in Schleswig-Holstein. Auf ihrem Weg bis zur Mündung hat sie ein Gefälle von gut 27 Metern. Der längste Teil ihrer Strecke ist nicht kanalisiert: ein Paradies für Wanderer, Ruderer und Kanuten. Weiter stadtwärts, nach einer zu Beginn dieses Jahrhunderts kanalisierten Strecke von fast fünf Kilometer Länge, weitet sie sich zur großzügigen Abfolge von Außen- und Binnenalster, Ergebnis systematischer Aufstauungen seit dem Mittelalter.

So entstand der eindrucksvolle Wasserraum mitten in der Stadt. Wer ihn als Leere empfindet, hat den Charakter nordischer Städte nicht begriffen. Wesentliche Teile des täglichen Lebens und aller Tätigkeiten spielen sich hier ab. Die Binnen- und Außenalster sind die eigentliche „Piazza" Hamburgs. Das größte Fest, das jemals auf der Alster gefeiert wurde, fand 1895 im Beisein Kaiser Wilhelms II. anläßlich der Eröffnung des Nord-Ostsee-Kanals statt: mit Pavillons, künstlichen Inseln, einer schwimmenden hölzernen Nachbildung von Schloß Babelsberg und schließlich einem Riesenfeuerwerk.

Seit 1953 gibt es eine vom Senat erlassene spezielle Außenalster-Verordnung zum Schutze des spezifischen Erscheinungsbildes. Wer dies sinnlich erfahren will, kann die Außenalster auf ihren Grünanlagen umwandern. Am besten aber steigt er in einen Alsterdampfer, der freilich kein „Dampfer" mehr ist, zu einer rund einstündigen Rundfahrt (ab Anleger Jungfernstieg).

Bei der Einfahrt auf die Außenalster weitet sich der Blick. Die 184 Hektar große Wasserfläche ist ringsum gesäumt von Grünanlagen und hohen Bäumen, welche die Häuser weitgehend verdekken, so daß man die Großstadt nicht vermutet, die dahinter liegt. Das lebhafte Treiben der Segler und Ruderer bei gutem Wetter läßt verstehen, warum der Dichter Hagedorn die Alster als „Beförderer vieler Lustbarkeiten" bezeichnet hat. Aber auch im Winter – und gerade dann – entfaltet die Alster ihre Reize. Auf der bisweilen gefrorenen Wasserfläche liegt Schnee, und nach längerem Frost wimmelt es von Schlittschuhläufern. So ist die Außenalster unzählige Male von Künstlern im Bild wiedergegeben worden, und ein die Alster darstellendes Gemälde neben einem Hafenporträt gehört zur Selbstverständlichkeit in jeder Chefetage in Hamburger Kontoren.

Auf der Fahrt erscheint am östlichen Alsterufer sehr bald ein auffälliges Gebäude, das Generalkonsulat der

Mit dem Dampfer die Außenalster

46 USA (48), Alsterufer 27/28. Es ist die nachträgliche Vereinigung zweier gründerzeitlicher Villen des Rathausbaumeisters Martin Haller von 1882/83 mit einem neoklassizistischen Mitteltrakt nebst Säulenportikus. Der Hauptbau war einst das Wohnhaus des „Petroleum-Königs" Wilhelm Anton Riedemann (1832 bis 1920).

Heute USA-Konsulat: die Riedemann-Villa

Dieser streng katholische Selfmademan, aus dem Emsland nach Hamburg gekommen, war einer der erfolgreichsten Unternehmer und ein großer Mäzen. Er war der erste, der mit seinem Segler „Andromeda" ein Tankschiff baute, nachdem der bisherige Versand des Erdöls in Fässern durch Leckageverluste unrationell war. Er gründete dann eine eigene Petroleum-Gesellschaft, die Vorläuferin der heutigen „Esso". Er stiftete Schulen und Hospitäler, baute auf eigene Kosten die St. Sophienkirche in Barmbek und stattete sie wie auch die Kirche seiner Heimatgemeinde Meppen reich mit neugotischen Altären aus. Als er starb, war er päpstlicher Geheimkämmerer und Inhaber des Comthurkreuzes des St. Gregoriusordens. So ist die Häusergeschichte in Hamburg auch immer Personen- und Firmengeschichte.

Parkartiges Ensemble – die Fontenay

Hier, nahe der Innenstadt, gibt es immer wieder Oasen der Ruhe. So schuf zwischen der Anfang dieses Jahrhunderts angelegten Straße Alsterufer und dem Mittelweg nach 1818 John Fontenay ein parkartiges Ensemble von kleinen Landhäusern. Ursprünglich war es geprägt von Grünflächen, die bis an die Alster reichten, und Alleen. Das Gelände war bis 1895 von einer Mauer umzogen. 1908 schrieb ein Besucher: „In der unmittelbaren Nähe einer großen Stadt gibt es wohl kaum einen anderen Ort, der so sehr den Eindruck einer Idylle, eines stillen Friedensortes macht, zu dem das Geräusch, der Lärm und Kampf der großen Welt nicht heranzudringen vermögen, wie Fontenay."

Zwischen 1914 und 1935 entstanden dann am Alsterufer einige neue Villen. Heute ist der alte Charakter nur noch im Inneren an der Fontenay

Hamburgs Schmuckstück ist die Alster. Seit dem Mittelalter im Zentrum zum See aufgestaut, teilt sich das Wasserbecken in die Binnen- und die Außenalster. Letztere, 2,8 Kilometer lang und bis zu einem Kilometer breit, eignet sich hervorragend für effektvolle Inszenierungen. Im Jahre 1913 malte Pierre Bonnard den Lampionkorso auf der Außenalster zu Ehren des 25jährigen Regierungsjubiläums Kaiser Wilhelms II. (Kunsthalle Hamburg).

Im Sommer 1986 verwandelte sich die Außenalster drei Wochen lang jeden Abend für vier Stunden in ein Neonrevier. Die Idee zu diesem Lichtspektakel stammte von dem 1949 in Moskau geborenen Valerij Bugrov. Er installierte 35 Stahlrohre im Alstergrund. In diese wurden wiederum dünnere Stahlrohre gesteckt, die rund zehn Meter aus dem Wasser ragten und mit Neonröhren versehen waren.

erhalten. Nachdem in den sechziger Jahren zwei Neubauten für Büros und ein Hotel den Maßstab gesprengt hatten, liegt die Zukunft gerade dieses Gebietes den Hamburgern ganz besonders am Herzen.

Romantische Villen mit Zinnenkranz und Aussichtsturm

Weiter nach Norden wird die Villenstruktur des Alsterufers immer deutlicher. Das Land vor den Toren war schon um 1800 mit vielen Landhäusern in Parks und Gärten bebaut gewesen. Sie alle wurden aber in der Zeit der napoleonischen Besetzung niedergebrannt, um freies Schußfeld zu schaffen. Doch bald danach begann wieder eine rege Bautätigkeit. Von den frühen klassizistischen Häusern sind nur noch wenige erhalten.

Um so typischer aber prägt die Epoche nach 1842 bis etwa 1860 die Außenalster. Ja, man verbindet hiermit geradezu den weißen Villenbau mit Zinnenkranz und malerisch als Belvedere hinzugesetztem Turm. Die Villen Badestraße 30 (49) sowie Harvestehuder Weg 5/6 (50) sind Beispiele für diesen „romantischen Stil", der Motive des Renaissance-Palazzos mit Elementen der englischen Tudorgotik oder der venezianischen Hochgotik in ganz eigenständiger Weise vermischt. Der Architekt Jean David Jolasse, in Hamburg tätig von 1842 bis 1868, hat diesen Stil maßgeblich mitgeprägt.

An der Einmündung der alten Rabenstraße beginnt der Harvestehuder Weg, eine der feinsten Hamburger Adressen. Im Volksmund aber hat selbst er einen deutlichen Wertabfall von der Stelle ab, wo er von der Alster fort ins Binnenland, also zum Klosterstern, abknickt: Er wird vom „feuchten" zum „trockenen" Harvestehuder Weg, ein seismographischer Anzeiger für die Bedeutung der „guten Adresse" in der Hamburger Gesellschaft. Die Gärten reichten hier ursprünglich bis an die Alster. Erst nach dem Zweiten Weltkrieg wurde das Alstervorland als öffentlicher Park gestaltet.

In der Literatur hat die damalige Lebensweise ihren Niederschlag gefunden in Thomas Manns „Zauberberg" mit der Schilderung der Jugend des Hans Castorp bei seinem Vormund Consul Tienappel, dessen Haus „im Vordergrund eines Gartens am Harvestehuder Weg" lag und auf eine Rasenfläche blickte, „in der auch nicht das kleinste Unkraut geduldet wurde".

Troplowitz-Villa der Messel-Schule in der Agnesstraße

Jenseits der Krugkoppelbrücke an der nördlichsten Stelle der Außenalster steht eine zweigeschossige Villa, die durch ihre ungewöhnliche Form auffällt: Agnesstraße 1 (51). Der kubische Baukörper mit einer weithin sichtbaren Kuppel über dem konvexen Mittelrisalit ist mit Muschelkalk und grauem Rauhputz gestaltet, in Hamburg eine sehr seltene Formensprache.

Dieses Haus ließ sich 1908 Dr. Oscar Troplowitz, Mitbegründer der Firma Beiersdorf, nach Plänen des Berliner Architekten William Müller errichten. Troplowitz war einer der bedeutendsten Unternehmerpersönlichkeiten dieser Zeit in Hamburg gewesen, er war Mitglied ehrenamtlicher Gremien wie zum Beispiel der Baudeputation. Unter seiner Mitwirkung wurde 1909 Fritz Schumacher nach Hamburg berufen. Auch als Sammler und Mäzen machte er sich einen Namen; seine Gemäldesammlung hat er der Kunsthalle vermacht.

In dem Haus Agnesstraße 1 manifestiert sich sein Rang, da durch die Wahl des Architekten die damals modernste Berliner Architektur der Schule von Alfred Messel nach Hamburg geholt wurde. Müller galt bei den Zeitgenossen als begabtester Messel-Schüler. Das Haus wirkt aber nicht wie ein Fremdkörper in der um diese Zeit schon vom Backstein und Klinker geprägten Villenbaukunst Hamburgs. Zusammen mit der beherrschenden Lage zeigt es deutlich die Weitläufigkeit und die hohen, über Hamburg hinausreichenden Ambitionen des Erbauers. Troplowitz starb 1918, bereits mit 55 Jahren. Fritz Schumacher hat ihm auf dem Ohlsdorfer Friedhof ein eindrucksvolles Grabmonument gestaltet.

Kloster St. Johannis – Institution mit langer Geschichte

Jenseits der weiten Außenalster am kanalisierten Lauf des Flusses liegt am westlichen Ufer zwischen zwei Viadukten der Hochbahn eine malerisch angeordnete Bautengruppe aus rotem Backstein: das berühmte Kloster St. Johannis (52). Diese Anlage mit ihren Terrassen und weißen Holzpavillons direkt auf der Ufermauer, mit einem abgeschirmten Garten und einem Uhrturm auf klösterliche Vorbilder verweisend, steht ganz in der nordischen Tradition des späten 19. Jahrhunderts. Sie wurde als „Klostergebäude mit Witwen-Haus" 1914 von den dänischen Architekten Kahl und Endresen errichtet. Ihre Hauptfront mit hohen schmiedeeisernen Gittern erstreckt sich an der vornehmen Heilwigstraße 162.

Als Institution ist das Johannis-Kloster viel älter. Es wurde bereits um 1236 in der Innenstadt gegründet. Nach der Reformation wurde es 1536 zu einem Damenstift umgewandelt. Nach der Niederlegung der alten Klöster erhielt es 1837 einen Neubau am Klosterwall. Doch auch dieser Platz wurde für die Sanierung der südlichen Altstadt aufgegeben, und man kaufte 1912 den jetzigen Platz vom Staat. Aus einem Wettbewerb war Endresen als Sieger hervorgegangen. Die Bewohnerinnen von St. Johannis sind stolz auf die alte Tradition ihres Hauses. Heute sind die beiden Bürgermeister von Amts wegen die Patrone des Klosters.

Einst eine schmucke Dorfkirche: St. Johannis

Am nördlichsten Punkt der Rundfahrt liegt zwischen dem Eppendorfer und dem Winterhuder Markt die evangelische St. Johannis-Kirche (53). Auf die erste Erwähnung der kleinen ehemaligen Dorfkirche 1267 gehen Teile des Westturmes zurück. Die Kirche selbst wurde mehr-

Erster ständiger Wohnsitz am Alsterufer und zugleich die älteste erhaltene Alstervilla ist das Doppelhaus Harvestehuder Weg 5/6. 1848 für den Reeder Robert Miles Sloman nach Entwürfen von Jean David Jolasse erbaut, ist es ein typisches Beispiel des romantischen Historismus im Villenbau aus der Mitte des vorigen Jahrhunderts. Der heutige Bau ist allerdings nicht ganz frei von stilfremden Modernisierungen.

Rechts: Das Kloster St. Johannis in der Heilwigstraße mit einem Garten zur Alster kann auf eine jahrhundertelange Geschichte zurückblicken. Die heutigen Klinkerbauten des evangelischen Damenstiftes entstanden 1914 in Anlehnung an norddeutsche Klöster und englische Landsitze. Hier die Straßenansicht mit der Giebelfront und dem Uhrturm.

fach erneuert, zuletzt 1622. Das Innere zeigt eine reiche Ausstattung, vor allem aus dem 18. Jahrhundert. Die Kirche, die 1902 nochmals gründlich restauriert und umgebaut wurde, hatte einst einen weit nach Norden und Nordwesten reichenden Einzugsbereich. Heute ist sie ein romantisches Relikt der dörflichen Vergangenheit mitten zwischen den pulsierenden Stadtteilen Eppendorf und Winterhude.

Die Krugkoppelbrücke – gelungener Bau an markanter Stelle

Auf der Rückfahrt unterquert das Boot wieder die berühmte Krugkoppelbrücke (54), die Harvestehude mit Winterhude verbindet. An dieser Stelle hat man einen schönen Weitblick über die Außenalster auf die Turmsilhouette der Innenstadt. Ursprünglich stand hier eine 1891 erbaute hölzerne Brücke, die jedoch später dem zunehmenden Großstadtverkehr nicht mehr standhielt.

Ganz im Norden der Außenalster liegt die 1908 erbaute Villa Agnesstraße 1. Kein Haus des Historismus, sondern ein Bau der Messel-Schule, der damals modernsten Berliner Architektur. Der Architekt William Müller verwirklichte sie hier für seinen Bauherrn Dr. Oscar Troplowitz, den Mitbegründer der Firma Beiersdorf.

Damals wurden insgesamt 21 Brücken in Hamburg ersetzt. Der 1927/28 ausgeführte Neubau der Krugkoppelbrücke ist eine gelungene Gemeinschaftsarbeit des Ingenieurwesens mit dem Hochbaudirektor Fritz Schumacher geworden, nachdem sich früher diese beiden Abteilungen der Bauverwaltung eher befehdet hatten. Über die pure Funktionstüchtigkeit hinaus gelang es Schumacher, das technische Eisenbeton-Bauwerk malerisch in die Stadtlandschaft einzubinden.

Die drei flachen Bögen von je zirka 14 Meter Spannweite sind an den Wangen mit Klinkern verkleidet. Die Brüstungen und die Rundungen über den Pfeilern sind mit Terrakotta-Skulpturen des Bildhauers Kuöhl geschmückt. Seitliche Treppen-

Wer als Fremder nach Hamburg kommt, erwartet eine Unterkunft am Wasser. Zumindest als Gast des Senats wird er nicht enttäuscht. Als dessen Gästehaus dient die 1868 von Martin Haller für einen Baumaterialienhändler errichtete Villa am Feenteich hinter der Feenteichbrücke am Ostufer der Außenalster.

abgänge vermitteln zu den Grünanlagen und den Anlegern am Wasser. Die Krugkoppelbrücke zeigt neben der Lombardsbrücke die reifste Gestaltung eines technischen Bauwerks in Hamburg.

Am Ostufer der Außenalster münden einige kanalisierte Bäche ein. Das früher sumpfige Gelände wurde erst nach der dem Großen Brand von 1842 folgenden Regulierung des Wasserspiegels besiedelt. Auch auf dieser Seite überwiegt Villenbebauung. Hier stand einst das berühmte Uhlenhorster Fährhaus, Treffpunkt der Segler, Ruderer und Kanuten (das „Kleine Fährhaus" am gegenüberliegenden Ufer ist heute der Treffpunkt für Spaziergänger und Hundeausführer). Nahe dieser Stelle (Schöne Aussicht 36) steht heute ein Bau, der den kosmopolitischen Charakter Hamburgs widerspiegelt, die im Jahr 1960 erbaute Iranische Moschee (55).

Gästehaus des Senats in malerischer Lage am Feenteich

Weiter südlich, jenseits der Brücke am Feenteich, künden drei weiße Masten das Gästehaus des Senats (56), Schöne Aussicht 26, an. Seine offiziellen Gäste hatte der Senat bereits seit Jahrhunderten in eigens hierfür errichteten oder erworbenen Häusern beherbergt, nach dem letzten Krieg noch in dem 1897 erbauten Haus Wedells nahe dem Dammtorbahnhof.

Martin Haller, der Rathausmeister, hatte es entworfen, ebenso wie das jetzige Gästehaus am Feenteich. Dieses entstand nahe der Stelle, an der schon viel früher im 18. Jahrhundert ein „Lusthaus" gestanden hatte. Der 1868 errichtete Bau, als eines der ersten vor den Toren auch winterfest, wurde von der Stadt angekauft und 1965 seiner Bestimmung übergeben. Das äußerlich schlichte weiße Gebäude, im Inneren mit Empfangs- und Wohnräumen ausgestattet, hat seitdem einer Vielzahl von Staatsoberhäuptern und Politikern als Wohnung bei offiziellen Staatsbesuchen gedient.

Weiter zur Innenstadt, schon am Ufer der Vorstadt St. Georg, biegt die Straße auf der Höhe An der Alster 9–14 in einer leichten Rundung vom Ufer zurück. Diese städtebauliche Figur, von deren ursprünglicher Bebauung sich noch zwei strahlend weiße Häuser – heute Hotels – erhalten haben, geht auf die Gestaltung der Uferzone nach 1842 zurück.

Uferbebauung in englischer Manier

Der Architekt William Lindley hatte sie nach dem Muster der berühmten englischen „Crescents" angelegt, die das klassizistische London oder Bath schmückten. Solche halbkreisförmigen Einbuchtungen standen immer mit besonders schönen Ausblicken auf die Landschaft in Verbindung. Diese straffe Form wurde im späten 19. Jahrhundert durch eine „malerisch" geschwungene Ufergestaltung der Außenalster überspielt.

Weiter nach Süden wird die Randbebauung des Alsterufers wieder städtisch dicht und hoch. Hier stehen die Bauten von Versicherungen und großen Firmen. Bevor das Boot sich jedoch wieder der Lombardsbrücke und der Binnenalster nähert, passiert es noch den weißschimmernden Bau des Atlantic-Hotels (57), An der Alster 74/Ecke Holzdamm. Es ist neben den „Vier Jahreszeiten" das wichtigste Traditionshotel in Hamburg. Während jenes aber ein in Jahrzehnten gewachsener Komplex als vornehmes Stadthotel ist, folgt das 1907/09 erbaute Atlantic mit seinem unvergeßlichen Blick über die Außenalster dem mehr südländischen Typ des „Gesellschaftshotels am Meer".

Hotel Atlantic – renommierter Bau des Historismus

Nachdem kurz zuvor die althamburgischen Hotels wie das „St. Petersburg", das „Belvedere" oder „de l'Europe" dem Bedürfnis nach neuen Geschäftshäusern in der Innenstadt zum Opfer gefallen waren, hatte sich auch mit der Eröffnung des neuen Hauptbahnhofes der Verkehr von der Binnenalster nach St. Georg hinübergezogen. Der Bauplatz am Alsterufer war also ideal gewählt, für den die Bremer Architekten Wellermann & Fröhlich im Auftrag eines Hamburger Bankiers das Hotel entwarfen. Das Haus ging wenig später auf eine Berliner Hotelgesellschaft über.

Die Reaktion der Zeitgenossen fiel unterschiedlich aus: Die einen fanden, der „weiße Zementkasten" habe geradezu „vorbildlich schlechte Verhältnisse", die anderen lobten, daß der Bau von den italienischen Urbildern die vornehme Schönheit, von den englischen und amerikanischen die Sachlichkeit übernommen habe. Die Innenräume des Hauses waren nach einem engeren Wettbewerb von verschiedenen Firmen ausgeführt worden. Nach häufigen Umgestaltungen wurden diese Repräsentationsräume erst jüngst wieder im alten Stil restauriert.

Das Boot unterquert nun die 1953 erbaute Kennedybrücke, über die der 10. Längengrad östlich von Greenwich verläuft. Diese Brücke parallel zur Lombardsbrücke bietet für den Straßenverkehr eine spürbare Entlastung. Der schmale Wasserarm zwischen beiden ist mit halbkreisförmigen Ufertreppen gerahmt. Man fährt nun ein in den Raum der Binnenalster, der gegenüber der Außenalster einen straffen städtischen Charakter zeigt.

Weniger exklusiv als das Gästehaus des Senats, aber nicht minder nobel ist das Hotel Atlantic an der Südostecke der Außenalster. Der mächtige Historismusbau im Stil der Renaissance entstand zu Beginn unseres Jahrhunderts von 1907 bis 1909. Obwohl in jener Zeit der gründerzeitlichen Architektur schon moderne Strömungen gegenüberstanden, hatten die Bauherren noch an diesem in Hamburg so stark vertretenen Stil festgehalten.

Mit 180 Hektar ist der Stadtpark in Winterhude Hamburgs größte öffentliche Grünanlage. Seine zahlreichen Plastiken sind ebenso wie einzelne Pflanzungen und Kleinbauten Stiftungen vermögender Privatleute. Dazu gehört auch diese weibliche Muschelkalkfigur von Georg Kolbe aus dem Jahre 1927, die mit ihrem Pendant den Zugang zur Festwiese nahe der Hindenburgstraße säumt.

Mit seinen Wasserläufen und Parkanlagen ist das Hamburger Stadtgebiet ein „Kunstwerk" für sich. Der ausgedehnte Stadtpark in Winterhude fasziniert durch seine zahlreichen Freiplastiken. Architektur von Rang zeigt die City Nord, Hamburgs Bürostadt im Grünen. Und auch der Welt größter Friedhof in Ohlsdorf ist als herrlicher Park gestaltet.

Die Dörfer Barmbek, Winterhude, Fuhlsbüttel und Ohlsdorf, heute Stadtteil-Namen des citynahen Hamburger Nordens, lagen bis zur Mitte des vorigen Jahrhunderts weit außerhalb der Stadt in ländlicher Umgebung. Städtische Bebauung setzte zunächst südlich von Barmbek ein. Gleichzeitig wurden einige neue Großeinrichtungen der Stadt hier „im Grünen" angesiedelt. Mit der „Irrenanstalt Friedrichsberg", den „Alsterdorfer Anstalten" für die Versorgung Behinderter, dem „Centralgefängnis Fuhlsbüttel" und dem „Centralfriedhof Ohlsdorf" begann die Ausgrenzung unerwünschter Funktionen aus dem sich entwickelnden städtischen Kerngebiet.

Noch um die Jahrhundertwende bildete der Parkfriedhof in Ohlsdorf die einzige Grünanlage in Hamburgs Norden, während sich die dichte Wohnbebauung immer weiter ausdehnte. Um für die Bevölkerung Erholungsmöglichkeiten zu schaffen, aber auch als städtisches Repräsentationsobjekt, wurde die Einrichtung eines Stadtparks gefordert.

Nachdem 1901 erste Flächen in Winterhude angekauft worden waren, zogen sich die Planungen über mehrere Jahre hin. Erst die von dem neuen Stadtbaudirektor Fritz Schumacher (1869 bis 1947) weiterentwickelten Entwürfe wurden so weit verwirklicht, daß der Park 1914 der Bevölkerung übergeben werden konnte. Zerstörungen des Zweiten Weltkrieges haben das Aussehen des Parks heute allerdings in vielen Teilen verändert.

Betritt man den Stadtpark im Südwesten über die von Richard Kuöhl (1880 bis 1961) plastisch ausgestaltete Brücke des Goldbekkanals, so tut sich die – durch den hohen, weit entfernten Bau des Wasserturmes ins Monumentale gesteigerte – Sichtachse als erstes dem Blick auf. Von den geometrischen Formen des Stadtparksees reicht sie über die leicht ansteigende große Festwiese und über die gerade Waldschneise zu den überkuppelten Kaskaden des Turms.

Den Gegenpol bildete einst die große von Schumacher entworfene Stadtparkhalle, deren Terrassen das heutige Schwimmbad einfassen. Übriggeblieben sind die beiden bronzenen *Zentauren* von Georg Wrba (1912) am Seeufer.

Wendet man sich von hier nach Norden, so löst sich das repräsentative Raumbild in kleine Sonderbereiche auf, die in die bewaldete Parklandschaft eingebettet sind. Damit öffnet sich dem Besucher eine Folge von vertieften Gartenräumen, die durch Heckenwände und Pergolen unterteilt wird. In ihnen haben die Bronzegruppe *Diana auf der Hirschkuh* (Wrba, 1910), die beiden Muschelkalkskulpturen *Adam und Eva* (Oscar Ulmer, 1933) und der *Pinguinbrunnen* (August Gaul, 1912) Platz gefunden.

Im Westen schließen sich die rechteckigen, buchsbaumgefaßten Beete des Rosengartens an, die einst den Hausgarten des im Kriege zerstörten Seecafés bildeten. Hier

Vom Stadtpark
Ohlsdorfer Friedhof

erreicht man die andere Seite des Stadtparksees, wo der weite Freiraum der Festwiese zu Spiel und Sport einlädt, aber auch großen Veranstaltungen und Feiern Platz bietet.

Südwestlich der Wiese, an der Hindenburgstraße, hält das *Landhaus Walter* Erfrischungen und Speisen bereit. Der architektonische Duktus dieses Schumacherbaus ist den breitgelagerten, niederdeutschen Hallenhäusern nachempfunden. Überquert man hier die Hindenburgstraße, so findet sich hinter dichtem Rhododendron verborgen der heutige Blindengarten, dessen Querseite die kleine, ehemalige Trinkhalle – auch von Schumacher – einnimmt. Ihr gegenüber steht die Bronzegruppe *Diana mit Hunden* (Arthur Bock, 1911).

Verschlungene Waldwege führen durch das ehemalige „Sierichsche Gehölz" in nördliche Richtung, bis unvermutet die gewaltigen Baumassen des *Wasserturmes* aufragen, in dessen Kuppel sich das Planetarium befindet. Er wurde als Hochbehälter der Stadtwasserkunst errichtet. Sein in einem Wettbewerb (1906/07) preisgekrönter Entwurf stammt von dem Dresdner Architekten Oscar Menzel. Von den wiederhergestellten Kaskaden reicht die gerade Schneise durch den Wald zurück zur Festwiese. Den Übergang markieren die beiden großen *weiblichen Muschelkalkskulpturen* des Berliner Bildhauers Georg Kolbe (1927). Schon hier hört man im Sommer von weitem den Lärm der spielenden Kinder, für die mit dem großen, sandgefaßten, ovalen Planschbecken erstmals in einem Stadtpark ein eigener, ungestörter Bereich eingerichtet wurde. An einer Weggabelung in der Nähe steht die Bronzefigur der *Badenden* (Reinhold Begas, 1918).

Durch ein Kiefernwäldchen gelangt man zu dem Ententeich im Norden und dann zur Stadtparkbühne, die durch übermannshohe Hecken nach außen abgeschirmt ist. Torartige Durchgänge öffnen sich zum Theaterrund, in dem an warmen Sommerabenden Musikgruppen ihr zahlreiches Publikum finden.

Moderne Bürostadt im Grünen: City Nord

Nördlich vom Stadtpark wurde in den sechziger Jahren mit der City Nord eine Fläche für Verwaltungsbauten ausgewiesen, mit der die Innenstadt Hamburgs städtebaulich entlastet werden sollte.

An ihrem nördlichen Rand befindet sich der architektonische Höhepunkt dieser modernen Geschäftsstadt mit dem *Hochbau der Hamburgischen Electricitätswerke* (1966/69). Die beiden dänischen Architekten Arne Jacobsen und Otto Weitling haben die vier scheibenförmigen, gegeneinander versetzten Baukörper in Nord-Süd-Richtung angeordnet. Im Kontrast zu ihren schmalen, mit norwegischem Naturstein verkleideten Querseiten sind die großen, geraden Flächen der Längsseiten so vollkommen mit beschichtetem Glas verhängt, daß über sie die bewegten Wolkenbilder der Hansestadt wie über einen riesigen Spiegel hinwegziehen. Der statische Baukörper scheint durch die Natur selbst zum Leben zu erwachen.

Daneben gibt es eine Vielzahl unterschiedlicher Lösungen für die Bauaufgaben, die sich die großen Konzerne zur Unterbringung ihrer Verwaltungen gestellt haben. Genannt sei zum Beispiel die *Deutsche BP*, deren Baukörper von den Architekten aus Sechsecken – Benzolring! – entwickelt worden sind. In ihnen ist das Großraumbüro konsequent zur Grundlage der Raumaufteilung gemacht worden (Überseering 2, 1968/70). Das Gebäude der *Oberpostdirektion* zeigt mit seinen sternförmig angeordneten und außen abgeschrägten Hochhausscheiben entfernte Anklänge an die Pyramiden vergangener Hochkulturen (Überseering 30, 1974/1977), während das Gebäude der *Deutschen Shell* den Hochhausgedanken in strenger Form auf kreuzförmigem Grundriß vertritt (Überseering 35, 1972/74).

Ohlsdorfer Friedhof, ein Skulpturenpark

Nur eine S-Bahnstation entfernt von der tagsüber geschäftigen City Nord liegt der Ohlsdorfer Friedhof. Mit dem – heute weltgrößten – Begräbnisplatz in Ohlsdorf nahmen die Stadtväter erstmals das Friedhofswesen in eigene Hand. Die 1875 angekauften kargen Weiden mit ihren Knicks (anstelle von Zäunen) wurden von Wilhelm Cordes (1840 bis 1917) in einen schon um die Jahrhundertwende berühmten Friedhofspark umgestaltet. Zwischen den großen Grabfeldern, die er hinter dichtem Rhododendron verstecken ließ, legte er „Naturszenerien" an. Die unregelmäßigen Teichpartien mit Bachläufen und Brücken erfreuen heute noch den Besucher; „Rosarium", „geologischer Hügel" und „Heidelandschaft" sind inzwischen verschwunden. Im Waldteil erwarben wohlhabende Familien versteckt angelegte Grabstätten, die sie mit Plastiken, Architek-

Die Bronzeplastik „Diana mit der Hirschkuh" schuf Georg Wrba 1910 für den durch hohe Hecken abgeschirmten Dianagarten im Osten des Stadtparkes, schon nahe der Saarlandstraße.

Der Ohlsdorfer Friedhof birgt auf 405 Hektar rund 200 000 Grabdenkmäler. Als Beispiel hier das Grab der Familie Diederichsen von Cäsar Scharff (um 1905), wo Charon eine junge Frau durch die Tür in die Unterwelt zieht.

55

turen, überdimensionalen Felskreuzen und Findlingen ausstatten ließen. Über 800 Plastiken und Reliefs sind erhalten und machen Ohlsdorf zu einem Freilichtmuseum von eigentümlichem Reiz.
Nach dem Ersten Weltkrieg ließ der Gartenbaudirektor Otto Linne (1869 bis 1937) das Erweiterungsgebiet im Sinne der Erneuerungsbewegung in der Gartenkunst herrichten; kennzeichnend sind die axiale Wegeführung, die geometrisch geformten Teiche mit scharfkantigen Uferlinien, Bevorzugung heimischer Baumarten und eine architektonische Gestaltung der Grabquartiere, in der besonders geradegeschnittene Hecken als Trennwände verwendet wurden.
An der verkehrsreichen Fuhlsbüttler Straße wacht das schloßähnliche Gebäude der *Friedhofsverwaltung* (Cordes, 1911) über zwei Zugänge mit verschnörkelten, schmiedeeisernen Pforten. Eine ringförmige Straße erschließt den ältesten Friedhofsteil.
Nordöstlich vom Eingang liegt der *Althamburgische Gedächtnisfriedhof*, überragt von einer weißen Christusfigur, die gen Himmel weist. Hier sind bekannte Persönlichkeiten der Hansestadt bestattet; in jüngerer Vergangenheit waren es beispielsweise Gustaf Gründgens und Ida Ehre.
Entlang der gerade nach Osten führenden *Cordesallee* sind reich ausgestattete *Familiengräber* auf Terrassen angeordnet, erschlossen durch eine der typischen Treppenanlagen aus rotem Sandstein, die den barockisierenden Stil des ersten Friedhofsdirektors kennzeichnen. Von hier reichte einst der Blick nach Süden über die Landschaft des Südteiches zum ehemaligen Rosarium, wo Wilhelm Cordes als Schöpfer der Anlage ein Denkmal erhalten hat (Schumacher, 1920).
Folgt man dagegen der Talstraße nach Norden, so erreicht man das von Schumacher in strenger Sachlichkeit entworfene *neue Krematorium* – das alte wurde schon 1892 an der Alsterdorfer Straße errichtet, wo es kürzlich vor dem Verfall gerettet wurde. Die 1933 eingeweihten Feierhallen, deren hoher Mittelbau an einen Katafalk erinnert, sind entlang der Straße durch eine breite Terrasse zusammengebunden. Detailreiche Bauplastik von Richard Kuöhl belebt den strengen Bau. „Eine von diesen..." mahnt die Inschrift unter der Uhr des im Westen aufragenden Schornsteinturmes.
Auf dem östlich angrenzenden Platz wurde nach dem Zweiten Weltkrieg das *Mahnmal für die Opfer der nationalsozialistischen Terrorherrschaft* errichtet: eine hohe, durchbrochene Wand, deren Urnen Asche und Erde aus den ehemaligen Konzentrationslagern bewahren (Heinz Jürgen Ruscheweyh, 1949).
Die Straße führt weiter zur *Kapelle 8*. Dort wurde auf dem sanft ansteigenden Gelände vor dem *Riedemann-Mausoleum* der anonyme Urnenhain eingerichtet. Ein schmiedeeisernes Tor – Symbol des Übergangs – bezeichnet den Zugang und scheint die romanisierende Grabkapelle einzurahmen. Der Bauherr Wilhelm Anton Riedemann war uns bereits auf Seite 46 begegnet (Architekten Haller/Geißler, 1905/06).
Weiter im Osten schließt sich der *Millionenhügel* an, eine quadratische Terrasse mit Sandsteintreppen und großen Familiengrabstätten. So ruht hier der bronzene Löwe des Tierparkbesitzers *Carl Hagenbeck* (1844 bis 1913) vor einem efeuüberwachsenen Findling. Eine Vielzahl anderer beachtenswerter Figuren wartet auf teilnehmende Entdeckung.
Genaue Hinweise auf Kunstwerke und Grabstätten gibt es beim Friedhofskulturdienst, Friedhofsverwaltung, Fuhlsbüttler Straße 756. Telefon 5 91 05-434, Sprech- und Öffnungszeiten: Montag bis Freitag 8.30–13 Uhr.

Links: Eine sechsspurige Straße trennt den Stadtpark von der modernen Bürostadt City Nord. Nach den Ideen des damaligen Baudirektors Werner Hebebrand entstand ihr Konzept seit 1961. Für die Bebauung eines jeden Grundstückes war ein Architektenwettbewerb vorgeschrieben. Damit ist die City Nord eine Musteranlage bautechnischer und architektonischer Spitzenleistungen der jüngsten Vergangenheit.

Links: Am Ostende der Mittelallee des Ohlsdorfer Friedhofs steht die Kapelle 13, ein Fritz-Schumacher-Bau von 1928. Das hohe, strenge Klinkergebäude teilt sich in einen zylindrischen Mittelteil und niedrige Flügel mit Warteräumen. Neben dieser Kapelle schuf Fritz Schumacher 1932 übrigens auch das bedeutendste der Friedhofsgebäude, das Krematorium, das er selbst als sein reifstes Werk empfand.

Höhepunkte der Hamburger Baugeschichte sind die klassizistischen Landhäuser und Villen der Elbvororte. Darunter nimmt das Jenisch-Haus inmitten seiner prächtigen Parkanlage eine Sonderstellung ein. Heute Museum, zeugt es außen wie innen eindrucksvoll von der edlen großbürgerlichen Wohnkultur der ersten Hälfte des vorigen Jahrhunderts.

„Ich baue zur Zeit einen Tempel, der auf einem Parnass stehen soll, von dem aus man einen Teil der Herrlichkeiten dieser Welt übersieht." So beschrieb der dänische Landbaumeister Christian Frederik Hansen aus Altona 1794 an seinen Schwager die Gegend, in der er ein Landhaus für den englischen Kaufmann und Courtmaster John Blacker auf dem Krähenberg in Blankenese entworfen hatte. Der „Parnass" gehört zu der welligen, zum Teil steil zum Fluß abfallenden Landschaft westlich von Altona entlang der Elbe.

Hier entfaltete seit dem späten 18. Jahrhundert das begüterte Hamburger Bürgertum die letzte große Blüte seiner traditionellen Gartenkultur. Den Hang der Hamburger, sich als Ausgleich zum Leben in der engen Stadt einen Garten, ein Lust- oder Landhaus vor den Toren zu halten, hat schon 1663 der venezianische Graf Caleazzo Gualdo Priorato anläßlich eines Besuches in Hamburg beschrieben. Er findet sich in vielen Reisebeschreibungen ausländischer Besucher.

Einst lagen diese Gärten im Weichbild der Stadt oder aber in dem flachen Marschengebiet im Osten. Die Verlagerung der Bautätigkeit an die westlichen Elbhänge Ende des 18. Jahrhunderts hat zweierlei Gründe. Zum einen waren nach dem Zustandekommen des sogenannten „Gottorper Vergleiches" aus dem Jahre 1768 mit Dänemark politisch-wirtschaftliche Hemmnisse entfallen. Zum anderen setzte sich nun auch in Hamburg die Idee des englischen Landschaftsgartens durch.

Verbunden mit den Theorien Rousseaus entstand ein neuer Gartenstil der Empfindsamkeit, des Ineinandergreifens von gestalteter und ungestalteter Natur. Hierfür bot das kontrastreiche nördliche Elbufer im Westen die idealen Voraussetzungen. In kurzer Abfolge entstand bis über die Jahrhundertwende jene Kette riesiger Parks von insgesamt rund zehn Kilometer Länge mit den berühmten klassizistischen Landhäusern, die noch heute trotz vielfacher Parzellierung den Ruhm der Elbchaussee ausmacht.

Die Gattung Landhaus darf freilich nicht mit dem Herrenhaus in Schleswig-Holstein verwechselt werden. Dort ist das Haus Zentrum eines Gutes, also eines funktionierenden landwirtschaftlichen Betriebes. Hier aber ist es der Ort eines nur sommerlichen Aufenthaltes in ländlicher Umgebung, daher meist leicht gebaut, nicht unterkellert, nicht Villa, sondern mehr „maison de plaisance". Einzig das Landhaus des Baron Voght bildet hier eine Ausnahme.

Wer waren die Erbauer dieser Häuser, die sich durch hohen Geschmack, Zurückhaltung und schlichte Vornehmheit auszeichneten? Es waren nicht nur die Angehörigen der Alt-Hamburger Kaufmannsgeschlechter. Sie kamen auch oft aus der Fremde, aus Frankreich, den Niederlanden und England; und sie wurden schon bald in Hamburg heimisch. Sie waren Kaufleute und Reeder, Senatoren und Konsuln frem-

Perlen an der Elbchaussee

Kernstück der Elbchaussee ist der Jenischpark mit seinem klassizistischen Landhaus. Bauherr war der Bankier Martin Johann Jenisch, seit 1827 Senator und dann als Präses der Baudeputation maßgeblich beteiligt an Hamburgs modernem Wiederaufbau nach dem Großen Brand von 1842. Die Erdgeschoß-Räume des Jenisch-Hauses zeigen noch heute Einrichtungen aus der Erbauungszeit um 1834. Hier ein Blick in den großartigen Weißen Saal.

der Staaten; unter ihnen waren auch Philanthropen, Mäzene und Sozialreformer.
Für die Gestaltung ihrer Gärten und Parks war England das große Vorbild. Englische Gärtner wurden berufen, die auch eigene Gärtnereien und Baumschulen anlegten. Man beauftragte die besten Architekten, selten aus der Fremde, sondern aus dem engeren Umkreis. Sie alle hatten ihre Schulung an den Werken Palladios in Italien, aber auch an den jüngsten Entwicklungen in England und Frankreich genossen. So entstand ein relativ einheitlicher klassischer Stil.

Christian Frederik Hansen, Architekt des Klassizismus

Der bekannteste und am meisten Beschäftigte wurde Christian Frederik Hansen (1756 bis 1845), der dänische Landbaumeister, der seit 1784 im benachbarten Altona seinen Dienstsitz hatte. Da er dort ein eher kärgliches Salär hatte, besserte er es gerne durch Aufträge der Hamburger Kaufleute auf. In der Zeit zwischen 1789 und 1806 erbaute er nicht weniger als neun Landhäuser ver-

Erster großer Landsitz an der Elbchaussee war der des Bankiers Salomon Heine, des Onkels von Heinrich Heine. Von dem Anwesen hat sich nur das 1832 erbaute Gärtnerhaus erhalten, das heute eine Galerie exklusiven Kunsthandwerks beherbergt. Den hier gezeigten Gartensaal hatte sich der Bankier für sich selbst einrichten lassen.

schiedenen Typs an der Elbchaussee. Nur vier davon sind erhalten geblieben. Die anderen fielen Neubauten zum Opfer. Auch einige der Parks wurden in der Folgezeit verkleinert.

Dennoch ist die Elbchaussee noch heute eine einzigartige Kulturlandschaft. Sie beginnt zwar offiziell erst westlich der kurzen Klopstockstraße. In der Realität aber ist gerade diese Straße ihr eigentlicher Auftakt. Gegenüber einer nobel zurückhaltenden klassizistischen Häuserzeile liegt hier an ihrer Nordseite der Friedhof der barocken Christianskirche (siehe Stadtplan Seite 60/61), benannt nach Christian VI. von Dänemark, Herzog von Holstein.

Auf diesem *Friedhof* hatte der Dichter *Friedrich Gottlieb Klopstock* 1759 „zu ewigen Tagen" eine Grabstätte erworben. Er ließ im selben Jahr seine erste 1758 verstorbene Gattin Margaretha von St. Nikolai hierher überführen. Die Inschrift auf dem Grabstein stammt von ihm selbst. Am 22. März 1803 wurde auch er feierlich bestattet. Tausende von Menschen folgten damals dem Sarg des in ganz Europa berühmten Verfassers des „Messias". Sein Grabmal mit einer langen Inschrift schmückt ein Marmorrelief mit der Darstellung der Religion (von Philipp Jacob Scheffauer). Das dritte Grab wurde 1821 für Klopstocks zweite Gattin Johanna Elisabeth errichtet.

1843 erhielt die Schleswig-Holsteinische Patriotische Gesellschaft die Pflegerechte an den mit einem gußeisernen Gitter umzogenen Gräbern. Die von einer mächtigen, noch von Klopstock gepflanzten Linde beschattete Anlage ging 1858 an die Kirchengemeinde der Christianskirche über.

Hinter großen Bäumen versteckt sich das „Säulenhaus". Bauherr war der Kaufmann Wilhelm Brandt, einer der bedeutendsten Reeder des zaristischen Rußland und Ahnherr einer ganzen Generationenkette von Bankherren. Auf der Krim soll das Vorbild für seinen südländisch anmutenden säulengeschmückten Landsitz gestanden haben. An der Elbe verwirklichte er 1818 seinen architektonischen Traum.

Das Gartenhaus des Salomon Heine

Der erste große Landsitz auf dem Wege nach Westen, das Landhaus Abbema (später Rainvilleterrasse), existiert heute nur noch mit einem Straßennamen. Auch das folgende Anwesen ist nur noch rudimentär erhalten. Man erkennt es an einem kleinen eingeschossigen Gebäude an der Elbseite, Elbchaussee 31, hart an der Straße: dem Gartenhaus des Salomon Heine. Der berühmte Hamburger Bankier hat das Gelände 1808 von dem englischen Kaufmann John Blakker gekauft und nutzte es bis zu seinem Tode 1844 regelmäßig im Sommer. Heine war auch ein großer Mäzen: Er stiftete das Israelitische Krankenhaus und milderte durch einen großzügigen Kredit die schlimmen Folgen des Großen Brandes von 1842.

1832 ließ er das kleine Haus für seinen Gärtner erbauen nebst einem intimen ovalen Gartensaal für die eigene Muße. Berühmt wurde der Landsitz durch den Neffen Salomons, den Dichter Heinrich Heine, der ihm seit seinem ersten Aufenthalt hier 1816 so manche Zeile gewidmet hat. Für ihn war dies eine zwiespältige Zeit, und das Verhältnis zu seinem Oheim war oft gespannt – wohl aus finanziellen Gründen.

Nach vielen Besitzerwechseln fiel das Gelände mit dem Gartenhaus schließlich an die Stadt. Erst vor zwölf Jahren konnte sein Verfall angehalten werden. Der Verein „Heine-Haus e. V." ließ es mit Spenden vorbildlich restaurieren. Die Räume beherbergen heute die Galerie L (siehe Seite 88); außerdem finden hier Veranstaltungen und Vorträge statt.

Vorbei an den parzellierten früheren Anwesen der Familien Donner und Lawaetz und am Landhaus Weber erreicht die Elbchaussee hart über der alten sehenswerten Lotsen- und Fischersiedlung Övelgönne eine Stelle mit einem weiten Blick über den Hafen. Hier steht auf der Landseite in einem Park das imposante Landhaus Brandt, Elbchaussee 186. Der Hamburger Kaufmann Wilhelm Brandt hatte das einst viel größere Gelände 1817 einem Othmarscher Bauern abgekauft und kultiviert. Brandt war ein äußerst erfolgreicher Reeder und Kaufmann, vor allem in Rußland. Er unterhielt Kontore in Archangelsk und St. Petersburg.

Das „Säulenhaus" von Wilhelm Brandt

Einem Histörchen folgend, war ein Schloß auf der Krim das Vorbild für das Landhaus in Hamburg, das er sich 1818 von Axel Bundsen errichten ließ. Der weiße kubische Putzbau zeigt an der Elbseite eine in der ganzen Hausbreite im Halbkreis vorspringende Säulenhalle in zwei Reihen. Dieses prächtige, an das Weiße Haus in Washington erinnernde Motiv hat ihm den Namen „Säulenhaus" eingetragen.

Nach langen Jahren des Verfalls wurde es vor zehn Jahren von einem begeisterungsfähigen Kaufmann erworben, der es in vorbildlicher Weise restauriert hat. Von allen Landhäusern an der Elbchaussee tritt das Säulenhaus wegen seiner freien Lage auch beim Fernblick von der Elbe her deutlich hervor (keine Besichtigung).

Die Landhaus-Komplexe haben sich nicht nur auf einer Seite der Elbchaussee entwickelt, sondern öfter übergreifend. Dem Landhaus waren oft kleinere Bauten zugeordnet, wie Remisen, Stallgebäude, die bisweilen zu reizvollen Gruppen geordnet wurden. So gab es früher Situationen, die man durchaus mit denen einiger venezianischer Terraferma-Villen (Festlandsvillen) vergleichen kann. Der Charakter der Elbchaussee als quasi privater Weg zwischen den großen Anwesen war früher durch Beschränkungen der Durchfahrt, wie Schlagbäume und Erhebung eines Wegegeldes, an Feiertagen geschützt.

Die straßenübergreifende Struktur kann man heute noch beim sogenannten

Ein anmutiger Zeuge vergangener Zeiten ist der „Halbmond", das einstige Stall- und Gesindegebäude eines der ehemals schönsten Landsitze (bis 1913) an der Elbchaussee. Bauherr war der englische Gesandschaftsträger und Bankier John Thornton. 1824 verkaufte er seinen Besitz an Freiherr Johann Heinrich Schröder, Gründer der Bank J. H. v. Schröder in Hamburg und des Bankhauses J. Henry Schröder & Co. in London und Liverpool.

Eine der faszinierendsten Persönlichkeiten, die Hamburg hervorgebracht hat, war der Baron Caspar Voght, von dem selbst Goethe sagte: „Wenn ich die Bekanntschaften der letzten Zeit im ganzen durchgehe, so bleibt doch immer wieder Voght in Hamburg die vorzüglichste." Der Senatorensohn und Kaufmann, Landwirt und Sozialreformer, Freund von Dichtern und Königen besaß auf seinem Gut keinen pompösen, repräsentativen Landsitz, sondern das gemütvolle Galeriehaus an der nach ihm benannten Straße.

„Halbmond" sehen, Elbchaussee 228. Nördlich der Straße gelegen, war dieser halbkreisförmig geschwungene, strohgedeckte eingeschossige Bau ehemals das Stallgebäude für das Landhaus Thornton, das C. F. Hansen 1795/96 südlich der Straße für den englischen Kaufmann John Thornton erbaut hatte. Nach 1913 wurde das Landhaus, bereits durch Umbauten verunziert, abgebrochen und durch einen Neubau etwa an gleicher Stelle ersetzt. Nur das Stallgebäude ist erhalten. Heute dient es mit seinem wiederhergestellten Reetdach in gepflegtem Zustand Wohnzwecken für Krankenschwestern.

Einfacher Landsitz auf dem Mustergut des Caspar Voght

Der berühmteste der englischen Landschaftsgärten in Hamburg war die sogenannte „ornamented farm" des Kaufmanns Caspar Voght in Klein Flottbek, Baron-Voght-Straße 63. Voght hatte seit 1785 dort einige Bauernhöfe erworben und legte in der Folgezeit nach englischen Vorbildern ein weitläufiges landwirtschaftliches Mustergut an, dessen Reste bis heute erhalten sind. Er verband also die ländliche Idylle mit Ökonomie und mit sozialreformerischen Ideen. Voght (1752 bis 1839), aus begüterter Familie stammend, hatte sich bei seinen Bildungsreisen durch Europa viele aufklärerische Ideen angeeignet und widmete sich später in seiner Heimatstadt vorwiegend der aktiven Armenfürsorge durch Schaffung von Ausbildungsplätzen. Seine Ernennung zum Reichsfreiherrn 1802 war Anerkennung dieser Bemühungen.

Das Mustergut Voght umfaßte um 1800 ungefähr 225 Hektar. Von diesem sorgfältig gestalteten Gelände fällt heute vor allem der engere Bereich um das Landhaus ins Auge, das sich Voght 1794/98 von Johann August Ahrens errichten ließ. Es sollte nach eigenen Wünschen teils versteckt liegen, „absichtlich unregelmäßig gebaut", innen komfortabel, aber ohne große Repräsentation. Das Ergebnis war ein sehr eigenwilliger Bau, der sich bis heute der endgültigen stilistischen Würdigung durch die Kunstgeschichte entzieht. Markant sind die an drei Seiten umlaufenden Loggien, die in zwei Geschossen von Holzsäulen getragen sind.

Das Haus war Zentrum des Gutes, sehr malerisch in dem Zusammenwirken mit den benachbarten bäuerlichen Gebäuden. Leider ist gerade diese Wirkung durch den Brandverlust zweier dieser Scheunen seit einiger Zeit dezimiert. Doch wer die Mühe eines Spaziergangs nicht scheut, kann noch an vielen Stellen der inzwischen parzellierten Umgebung Spuren der alten „ornamented farm" finden.

Weitaus bekannter bei der Bevölkerung ist dieses Gelände aber durch seinen zweiten Besitzer geworden. 1828 erwarb es der Kaufmann und Senator Martin Johann Jenisch d. J. von Caspar Voght. Sehr bald plante er den Bau eines repräsentativen Landhauses an der höchsten Stelle des Areals im Nordosten, heute Baron-Voght-Straße 50. Erste Entwürfe lieferte

Von Altona über Ottensen, Othmarschen, Klein Flottbek, Nienstedten und Blankenese bis zum Falkenstein reicht die Wanderung entlang der Elbe zu den

Den östlichen Teil des Voghtschen Mustergutes erwarb 1828 Martin Johann Jenisch. Sein bis 1834 errichtetes Landhaus sprengte in Größe, Luxus und Komfort das bisher übliche hanseatische Maß. Seit 1927 ist der Jenischpark öffentlich zugänglich. Das museale Jenisch-Haus zeigt neben der Einrichtung aus der Erbauungszeit großbürgerliche Wohnkultur von der Spätrenaissance bis zum Jugendstil.

ihm der Hamburger Baumeister Franz Gustav Forsmann. Als Präses der Baudeputation in diesen Dingen sehr anspruchsvoll, ließ sich Jenisch von Karl Friedrich Schinkel aus Berlin weitere Vorschläge kommen. Einiges von dessen Änderungen ist beim endgültigen, 1830/34 erbauten Landhaus mit eingeflossen.

Jenisch-Haus: heute ein Museum der Wohnkultur

Der weiße Bau mit zweieinhalb Geschossen ist fast würfelförmig, mit nur knappen Gliederungen im Putz versehen. Er ist an den Fensterbrüstungen und an der Dachkante mit reich vergoldeten Gußeisengittern geschmückt. Das Jenisch-Haus ist in seiner heute wiederhergestellten Form zum Inbegriff hanseatischer Landhauskultur geworden. Es war mit seinem weitläufigen englischen Park 1927 von der Stadt Altona gepachtet worden. 1939 wurde es endgültig vom Staat gekauft und der Öffentlichkeit zugänglich gemacht.
Nach dem Zweiten Weltkrieg restauriert, dient es heute als Außenstelle des Altonaer Museums. Im Inneren ordnen sich alle Räume um ein zentrales *Treppenhaus* mit Oberlicht. Die Räume sind als Raumkunstmuseum mit historischem Mobiliar und Bildern ausgestattet. Das Erdgeschoß zeigt die Epoche Klopstocks, des Barons Voght und Martin Johann Jenischs. Der Rundgang setzt sich in den oberen Geschossen fort. Vom *Mittelsaal* des ersten Obergeschosses öffnet sich der Blick nach Süden über die sich absenkende, von Bäumen und Hecken flankierte Rasenfläche zur Elbe, dann über die Marschen bis zu den Harburger Bergen am Horizont.

Öffnungszeiten: April bis Oktober Dienstag bis Samstag 14–17 Uhr, Sonntag 11–17 Uhr. November bis März Dienstag bis Samstag 13–16 Uhr, Sonntag 11–16 Uhr.
Nur wenige Schritte vom Jenisch-Haus entfernt befindet sich in nordöstlicher Richtung das Ernst Barlach Haus, erbaut 1961/62 von Werner Kallmorgen mit Werken Barlachs (siehe Museumskapitel Seite 86).
Westlich der Senke von Teufelsbrück erreicht man nach knapp einem Kilometer das sogenannte Elbschlößchen, hart neben der 1881 hier entstandenen gleichnamigen Brauerei, Elbchaussee 372, ein Spätwerk Hansens. Er

schönsten Villenbauten aus drei Jahrhunderten. Hier die Karte dazu.

Drei Godeffroy-Generationen gestalteten den Hirschpark. Sein Landhaus, das Hirschparkhaus, erbaute 1791 Christian Frederik Hansen für den Hamburger Kaufmann Johann Cesar IV. Godeffroy, Gründer der Weltfirma Joh. Godeffroy u. Sohn, dessen Ruhm allerdings 1885 mit dem Tod des verarmten sechsten Godeffroy erlosch. Noch Mitte des 19. Jahrhunderts hatte dieser sein Handelsimperium auf den Südseeinseln, besaß 45 Faktoreien und Agenturen sowie eine zumeist auf eigener Werft gebaute Flotte.

hat dieses kubische Landhaus 1804/06 für den Altonaer Kaufmann Johann Heinrich Baur errichtet. Der einst große Park ist heute fast völlig parzelliert. Hansen hat nur die dem Strom zugekehrte Seite des Zentralbaues mit einem kräftigen Tempelmotiv geschmückt, eine Erinnerung an die berühmte Villa Rotonda Palladios bei Vicenza.

Im Inneren ordnen sich alle Räume um eine hohe zentrale Rotunde mit Oberlicht, die mit acht korinthischen Pilastern und mit Figurennischen gegliedert ist. Die kleinen Abmessungen sind mit unterschiedlich hohen Türen so geschickt überspielt, daß man den Raum als wesentlich größer empfindet. Hier ist Hamburg am italienischsten (keine Besichtigung).

Historischer Glanz im Gasthaus Jacob

Beim historischen Gasthaus Jacob, Elbchaussee 401/403, verengt sich die Elbchaussee und führt danach vom Fluß fort. Daniel Louis Jacob übernahm 1791 den seit 1765 bestehenden Gastbetrieb

Die Baurs waren im 18. Jahrhundert nach Altona gekommen. Sie wurden Bürgermeister der Stadt und vom dänischen König zu Etats- und Conferenzräten ernannt. Conferenzrat Georg Friedrich Baur, Jurist, Bankier, Versicherungskaufmann und als Reeder Besitzer einer Flotte von sechzig Seglern, ließ sich 1836 in dem nach ihm benannten Park ein klassizistisches Landhaus errichten, das seit 1923 Katharinenhof heißt.

und ließ die berühmte Lindenallee auf der Terrasse zum Strom anlegen. Jacob war und ist noch heute eine „Institution", eine Hamburgensie.

Hier wohnte 1902 der Berliner Maler Max Liebermann auf Einladung der Verwaltungskommission der Kunsthalle. Seine dort zu bewundernde Darstellung der Terrasse (Abbildung Seite 85) fängt den ganzen Zauber des entspannten Daseins unter den lichtdurchfluteten Linden ein, mit einem weiten Blick stromaufwärts nach Altona.

Von hier ab weitet sich die Elbe auf mehrere Kilometer Breite. Die Industrielandschaft des Hafens tritt zurück, und das Segelrevier des „Mühlenberger Loches" dominiert. Jenseits dehnt sich das Obstbaugebiet des Alten Landes aus bis Buxtehude und Stade. Der Anblick der tief unten in der Fahrrinne gleitenden Schiffe jeder Größe ist gerade von hier aus besonders eindrucksvoll.

Der Weg führt nun vorbei an der bekannten Dorfkirche von Nienstedten, Elbchaussee 410, einem Fachwerkbau von 1750/51, an die der seit 1814 bestehende Friedhof westlich anschließt. Viele bekannte Bewohner der Elbvororte sind hier beerdigt.

Hirschparkhaus und Weißes Haus

Vor Blankenese liegt die alte Gemarkung Dockenhuden. Hier stehen nahe beieinander zwei der frühesten Landhäuser nach Entwürfen Hansens: Das Hirschparkhaus, Elbchaussee 499, und das Weiße Haus, Elbchaussee 547. Ersteres erbaute Hansen 1789/92 für den Hamburger Kaufmann Johann Cesar IV. Godeffroy, letzteres 1790/91 für dessen Bruder Peter Godeffroy.

Gerade das Hirschparkhaus in seinem riesigen Park zeigt, daß die frühen Landhäuser

Hansens mehr Vergrößerungen des Typus Gartenpavillon waren, ein vorübergehendes Gehäuse für einen kurzfristigen sommerlichen Aufenthalt zur Geselligkeit und Erholung von der Enge der Stadt. Über der nördlichen Säulenfront des Hauses ließ der Bauherr die Inschrift anbringen: „Der Ruhe weisem Genuß". Hansen verarbeitete hier Vorbilder seines dänischen Lehrers Harsdorff zusammen mit neuen Gedanken der zeitgenössischen Architektur.

Das Weiße Haus, noch heute in Privatbesitz und hervorragend gepflegt, hat eine reiche innere Ausstattung. Die hier verwendeten Gipsabgüsse antiker Reliefs und Figuren aus Rom waren ursprünglich für den preußischen Hof bestimmt gewesen. Das Transportschiff war aber vor Blankenese gestrandet, und so konnte Hansen die als beschädigt deklarierte Ware recht wohlfeil erwerben und hier einbauen.

Eine Generation später, 1830/36, variierte Hansens Neffe Johann Matthias die Form des Weißen Hauses beim Bau des benachbarten Landhauses für den Altonaer Conferenzrat Georg Friedrich Baur, heute Katharinenhof genannt, Mühlenberger Weg 33. Baur hatte das hügelige Gelände schon 1803 erworben und mit vieler Mühe einen weitläufigen Park angelegt, geziert mit Pavillons, Tempeln und sentimentalen Architekturkulissen.

Das Haus selbst, heute Dienststelle der Stadtverwaltung, zeigt deutlich den Wandel in den Nutzungsvorstellungen des Auftraggebers, wie er schon beim Jenisch-Haus dargelegt wurde: Das Obergeschoß ist voll nutzbar und mittels einer dreiläufigen Treppenanlage in einer hohen Halle mit dem Erdgeschoß verbunden. Die gegenwärtige Nutzung wird heute kritisiert. Eine denkmalpflegerische Untersuchung hat die einst reichen Farbnuancierungen der Innenräume dokumentiert. Es ist also zu hoffen, daß auch dieses Landhaus bald restauriert und angemessen präsentiert werden kann.

Goßlerhaus in Blankenese

Ähnlich steht es mit dem Goßlerhaus nahe dem Blankeneser Bahnhof, Goßlers Park 1. Heute dient es als Sitz des Ortsamtes. Hansen hatte es 1794/95 für den englischen Kaufmann und Courtmaster John Blacker erbaut. Ursprünglich war es nur eingeschossig mit Säulenstellungen an den Flanken und einem Tempelgiebel an der östlichen Stirnseite. Alte Fotografien haben uns diesen Zustand überliefert, bevor der Bau vom neuen Eigentümer John Henry Goßler aufgestockt wurde. 1901 zerstörte ein Brand das Gebäude; es wurde jedoch danach in der alten Form wiederaufgebaut. Es markiert auf seiner Anhöhe die höchste Stelle des Blankeneser Hanggebietes.

Blankenese, das ehemalige Fischerdorf, liegt am zerklüfteten westlichen Ende des hohen Geesthanges über der Elbe. Die Elbchaussee teilt sich hier in viele kleine Straßen und Gassen, die, der Topographie des Hanges in vielen Krümmungen folgend, bis zur Elbe hinabführen. Der Hang ist eng bebaut mit kleineren und größeren Häusern verschiedenster Typen seit dem 18. Jahrhundert bis in unsere Zeit. Die Atmosphäre ist fast südländisch mit ihrem Gewirr von Gassen, Treppen, Terrassen, kleinen Winkeln und winzigen Gärten. Gerade vor diesem Hintergrund wird der hohe Anspruch deutlich, der sich in der klassizistischen Denkmallandschaft entlang der Elbchaussee manifestiert hat.

Obgleich die Landhauskultur immer mit den Bauten des Klassizismus verbunden ist, haben auch die Gründerzeit sowie das frühe 20. Jahrhundert dieser Perlenkette bedeutender Bauten wertvolle Glieder hinzugefügt. Auch diese Zeit, in der Tat am Ende einer langen Reihe von Musterleistungen, hat noch Mäzene gesehen, die unter Aufwand erheblicher Mittel die besten Architekten der Epoche zu Bauten anspornten, die künstlerisches Neuland betraten.

Im Jahre 1923 zum Beispiel ließ sich Frau Ite Michaelsen auf der Höhe des Elbufers am Falkenstein durch den damals avantgardistischen Architekten Karl Schneider ein Landhaus am Grotiusweg 79 errichten, das in seiner stilistischen Neuheit, in seiner bis dahin in Hamburg unbekannten gestalterischen Klarheit die Ideen des Bauhauses vorwegnahm. Es wurde zu einem letzten Höhepunkt der Gattung Landhaus. Heute beherbergt es ein *Puppenmuseum* und eine Galerie.

Öffnungszeiten: Dienstag bis Sonntag 11–17 Uhr.

Dort, wo heute die Zentrale des Ortsamtes Blankenese sitzt, residierte seit 1795 der englische Kaufmann John Blacker. Er war Courtmaster, Präsident seiner englischen Kaufmannskollegen in Hamburg. Rund hundert Jahre später war das von C. F. Hansen erbaute klassizistische Landhaus im Besitz des Hamburger Großkaufmanns I. H. Goßler, dem es seinen heutigen Namen verdankt.

Repräsentativ für den ländlichen Barock in der norddeutschen Kirchenarchitektur ist die Innenausstattung von St. Pankratius in Neuenfelde. Unter der Bauleitung von M. Wedel aus Stade wurde der Backsteinsaalbau von 1682 bis 1687 errichtet. Innen gliedern den Raum marmorierte Pilaster aus Holz. Der Blick zu der berühmten Arp-Schnitger-Orgel zeigt die bemalte Holztonnendecke und im Vordergrund die Taufe von 1683.

Südwestlich der Elbe locken die Elbmarschen des Alten Landes, Hamburgs traditioneller Obstlieferant. Den Reichtum der Obstbauern dokumentieren nicht nur die stattlichen Fachwerkhäuser mit ihren Prunkpforten. Überraschend ist auch die üppige Ausstattung der alten Dorfkirchen, ebenfalls ein Zeichen wohlhabender bäuerlicher Kultur.

Südlich der Elbe bildet der Raum zwischen Harburg und Stade eine eigenständige Kunstlandschaft. Die abwechslungsreiche Region hat vor allem um die letzte Jahrhundertwende Hamburger Künstler angezogen.

Die einstige Großstadt **Harburg**, bis 1937 selbständig und seitdem ein Bezirk der Freien und Hansestadt Hamburg, als Industrieort gewachsen, stellt sich architektonisch eher spröde dar, seitdem im letzten Krieg der historische Baubestand, vornehmlich Fachwerkhäuser, vernichtet wurde. Das ehemalige Schloß auf der Zitadelle, von 1527 bis 1642 Sitz einer welfischen Nebenlinie, ist bis zur Unkenntlichkeit verkümmert.

Dominant im Stadtbild steht heute das Rathaus am Harburger Rathausplatz da, 1892 von Christoph Hehl vollendet. Der historisierende Bau zeugt von einstiger Selbständigkeit.

Den gegenüberliegenden Museumsplatz nimmt das Hamburger Museum für Archäologie und die Geschichte Harburgs – Helms-Museum –, Museumplatz 2 (siehe Museumskapitel Seite 89), ein.

Nur wenige Schritte vom nördlich der S-Bahn gelegenen Sand, dem einstigen historischen Marktplatz, entfernt findet man in der Lämmertwiete ein Ensemble von Fachwerkbauten, die bis in das 17. Jahrhundert zurückreichen. Hier entsteht als Rekonstruktion bis 1992 das sogenannte *Mayrsche Haus*, ein typisches Harburger Fachwerkhaus, ursprünglich in der ersten Hälfte des 17. Jahrhunderts am Kleinen Schippsee errichtet, dort 1968 abgebrochen und für einen Wiederaufbau eingelagert. Jetzt vollendet es Harburgs letzte historische „Insel".

Wer sich von hier weiter nach Norden wendet, gelangt durch die Harburger Schloßstraße zum Binnenhafen, ein nur noch wenig belebtes Industriegebiet, das eher an einstige Funktionen erinnert. So kann man hier noch manch unverändertes Industriegebäude entdecken. Typisch ist das Kaufmannshaus Schellerdamm 2, das um 1844/45 errichtet wurde. Der hier zu beobachtende Rundbogenstil an der Fassade ist typisch für diese Zeit und Region.

In den westlichen und südlichen Randzonen Harburgs haben ehemalige Dörfer wie **Marmstorf** ihren ländlichen Charakter mit Bauernhäusern zu bewahren gewußt.

Das ein wenig südlich davon gelegene **Sinstorf** ist wegen seiner Kirche bemerkenswert. Sie gilt zu Recht als die älteste Kirche Hamburgs. Ihre Anfänge reichen mit einem Holzbau bis in karolingische Zeit zurück (archäologisch nachgewiesen), wogegen der jetzige Bau – weitgehend aus Feldsteinen errichtet – um 1200 entstand.

Drei heute vermauerte Arkadenbögen lassen erkennen, daß hier einstmals eine dreischiffige Basilika stand, die später verkleinert wurde. Das Nordschiff wurde 1416 abgerissen, das Südschiff mit dem Mittelschiff vereint. Der Chor wurde um 1660 gebaut. Typisch für Kirchen der Lü-

Durch Harburg und das Alte Land

Nach der Kriegszerstörung hat man die Schauseite des Harburger Rathauses im Stil der deutschen Renaissance annähernd originalgetreu wiederhergestellt. Die zwei Plastiken im Mittelrisalit zeigen „Justitia" und „Prudentia". An der Konsole des linken Pfeilers der Eingangshalle hat sich der Architekt Christoph Hehl ganz im Sinn mittelalterlicher Bautradition selbst dargestellt.

neburger Heide ist der freistehende hölzerne Glockenturm. Die Ausstattung der Kirche gehört weitgehend der Barockzeit an.

Archäologischer Wanderpfad in der Fischbeker Heide

In Neugraben fahren wir von der Cuxhavener Straße südlich in den Falkenbergsweg, an dessen Ende man den Parkplatz des Naturschutzgebietes **Fischbeker Heide** findet. Man erreicht es auch über die Neugrabener Bahnhofstraße, an deren Ende sich im Schafstall ein Informationszentrum befindet.
Von beiden Parkplätzen den Hinweisschildern folgend, erreicht man nach wenigen Minuten den archäologischen Wanderpfad. Hier begegnen wir den ältesten kulturellen Hinterlassenschaften in der Region. Einige Bestattungsplätze reichen wohl noch bis in die Jungsteinzeit zurück. Dominierend aber sind die bronzezeitlichen Grabhügel. Von Steinkränzen eingefaßt, zum Teil aber sogar gänzlich mit einer Steinlage überdeckt, enthielten diese Grabhügel Baumsargbestattungen. Einige der Grabungsbefunde sind rekonstruiert und veranschaulichen damit die Bestattungssitten der älteren Bronzezeit (um 1600 v. Chr.).
In der jüngeren Bronzezeit (nach 1200 v. Chr.) wurde dann die Brandbestattung angewendet, wobei manche Urne am Rand der älteren Grabhügel vergraben wurde.
In der älteren Eisenzeit (um 500 v. Chr.) legte man Urnengräberfelder an, die oberirdisch allerdings nicht sichtbar sind, aber davon zeugen, daß dieses Gebiet für lange Zeit hin für Begräbnisse genutzt wurde.

Spätrenaissance in Moisburgs Kirche

Von Neugraben über Immenbeck lohnt ein Abstecher nach **Moisburg**. In dem Ortsnamen erhielt sich die Bezeichnung des sächsischen Gaues Moswidi, dessen Wurzeln angeblich bis in langobardische Zeit zurückreichen.
Die Anfänge der 1244 erstmals erwähnten Burg sind unbekannt. 1560 kam das Amt an die Harburger Nebenlinie, und Herzog Wilhelm errichtete die Burg als dreiflügelige Anlage neu, wie es in Merians Topographie anzuschauen ist. Davon blieb nichts erhalten. 1711 hat man das Gebäude in Fachwerk für den Amtssitz völlig neu erbaut. Ein betrachtenswerter, repräsentativer Bau, wie er in dieser Gegend einmalig ist.

Empfohlen sei ein Besuch der bäuerlich geprägten Kirche, gerade auch im Vergleich zu den Kirchen des Alten Landes. Die Innenausstattung steht noch ganz in der Tradition der Spätrenaissance. Ziemlich einheitlich entstand sie um 1640. Die hölzerne Wölbung ist reich ausgemalt von Friedrich Budinnus (1640). Neben dem Altar wird man vor allem die ornamentierte Kanzel von 1639 beachten.
Von Moisburg aus erreicht man alsbald **Buxtehude**, eine kleine Landstadt mit großer Vergangenheit, gehörte sie doch ab 1368 zur Hanse. Die Stadt gelangte im Westfälischen Frieden an Schweden, 1712 an Dänemark und 1719 an Hannover. Im Stadtbild dominiert die St. Petri-Kirche (1296 bis 1320), die aber 1898/99 gründlich erneuert wurde. Nach einem Brand von 1853 wurde der Turm

neu errichtet. Wegen langwieriger Restaurierungen ist die Kirche vorerst noch nicht zugänglich. Die Herkunft des sogenannten „Buxtehuder Altars" von Meister Bertram (um 1400) in der Kunsthalle Hamburg aus der Petri-Kirche in Hamburg ist allerdings nicht gesichert.
Am nördlichen Stadtrand, neben dem alten Hafenbecken, findet man das einzige Zeugnis der alten Stadtbefestigung: den Marschtorzwinger, einen zweigeschossigen Backsteinbau. Der Wappenstein mit der Jahreszahl 1539 scheint auf die Erbauung hinzuweisen.

Alte Bürgerhäuser prägen Buxtehudes Innenstadt

Von hier aus folgt man dem Westfleth in die Innenstadt mit ihrem reichen Bestand an Bürgerhäusern, die überwiegend stilvoll gepflegt und restauriert werden. Der einzige Backsteinbau in der Lange Straße 25 stammt aus der Zeit um 1530. Besonders schön ist das hoch gelegene Spitzbogenportal. Das Obergeschoß und der Giebel sind Anfang des 20. Jahrhunderts in Fachwerk erneuert.
Sonst finden wir eine seit der Mitte des 16. Jahrhunderts entstandene Reihe gut erhaltener Fachwerkbauten, das schönste mit reichem Ornament in der Fischerstraße 3 (zweite Hälfte des 16. Jahrhunderts). Beachtenswert sind auch die Häuser Abtstraße 3 und 6, letzteres versehen mit älteren, spätgotischen Knaggen.
Das am St.-Petri-Platz 9 hervorstechende Gebäude ist hingegen eine historische Rekonstruktion. Teile eines verfallenen Bürgerhauses aus der Mitte des 16. Jahrhunderts wurden hier 1912 als Heimatmuseum wiederaufgebaut, das einen guten Einblick insbesondere in die Volkskunde des Alten Landes und die Stadtgeschichte Buxtehudes vermittelt.
Öffnungszeiten: Dienstag, Mittwoch, Freitag und Sonntag 12–16 Uhr, Samstag 13–16 Uhr.
Auf dem Weg in das Alte Land wenden wir uns nach Norden und erreichen **Estebrügge**. Hier gilt unser Ziel der Kirche, die repräsentativ für die Kirchen des Alten Landes betrachtet sein mag. Sie alle sind außen eher bescheiden, im Inneren aber reich ausgestattet. Die wohlhabenden Bauern haben in diesen all ihren Reichtum dargestellt. Selbstbewußtsein strahlen diese Kirchen aus, an nichts ist gespart.
Die Kirche in Estebrügge (Gemeinde Jork) ist ein barocker Saalbau aus der Zeit um 1700, wogegen der hölzerne Glockenturm noch von etwa 1640 stammt. Der Bau selbst ist schlicht, bindet

Die barocke Ausstattung der Kirche von Sinstorf läßt nicht erkennen, daß es sich um Hamburgs ältesten Kirchenbau handelt, dessen Geschichte bis in die Zeit der Christianisierung zurückführt. Aus dieser frühen Epoche sind Bauspuren jedoch nicht mehr sichtbar. Die 1643 gestiftete Kanzel wurde 1688 verziert und mit den Bildern der Evangelisten versehen. Auf dem Schalldeckel steht der Salvator.

aber ältere Ausstattungen harmonisch ein. Der Altar verbindet ein Retabel von 1657 mit Gemälden von 1700/1702. Die reich verzierte Kanzel ist ebenfalls aus älteren Teilen komponiert.

Besonders schön sind die Wangen des Gemeindegestühls von 1702 gestaltet. Typisch sind auch die Priechen, eine Art Logen, die hier wie auch anderenorts reich dekoriert sind. Das älteste Ausstattungsstück begegnet uns in dem Bronzetaufbecken aus der Mitte des 14. Jahrhunderts, das von vier stehenden Männerfiguren getragen wird. Nicht zu übersehen ist auf der Westempore die Arp-Schnitger-Orgel mit Prospekt von 1702.

Lohnend: Neuenfeldes Pankratius-Kirche

Schon des großen Orgelbauers wegen, der in dieser Gegend gelebt hat, wird man Neuenfelde besuchen. Von Estebrügge kommend, erreichen wir diese Bauernhauslandschaft, indem man sich nach Osten wendet, um in Neuenfelde wieder hamburgisches Gebiet zu erreichen. Die St. Pankratius-Kirche hier ist reich dekoriert und sehenswert wegen der Deckenmalereien und des üppigen barocken Kanzelaltars des Hamburger Meisters Christian Precht, der auch für Arp Schnitger gearbeitet hat. Schnitger wurde 1719 in der Neuenfelder Kirche begraben.

Die Marschenlandschaft des Alten Landes ist das größte geschlossene Obstbaugebiet Deutschlands, auch sein am nördlichsten gelegenes. Der Wohlstand von einst findet seinen Ausdruck noch immer in den großen Bauernhäusern vom Typ des niedersächsischen Hallenhauses, eines Zweiständerbaus. Die mehrfach vorgekragten Giebel sind reich dekoriert. Charakteristisch sind die „Brauttüren" an der Giebelseite, die nur zu besonderen Anlässen genutzt wurden. Die Giebelzierbretter sind hier überwiegend als paarige Schwäne ausgeformt. Eine weitere Eigenart dieser Höfe ist die überdachte Prunkpforte am Hofzugang mit Wagendurchfahrt und Leutetür, auch diese ist durch Ornamente und Inschriften dekrorativ gestaltet.

Das Haus Palm, Stellmacherstraße 9, stammt aus der zweiten Hälfte des 18. Jahrhunderts. Die Prunkpforte trägt zwar die Jahreszahl 1619, ist aber erst im späten 17. Jahrhundert errichtet. Ähnlich repräsentativ ist das Haus Nincoper Straße 45 gestaltet, von 1773 bis 1778 errichtet, mit einer älteren Hofpforte (Inschrift 1683).

Von hier ist es nicht weit zum Grundstück Vierzigstücken 95, wo einst das Haus von Arp Schnitger stand, das er 1684 durch Heirat zu seinem Wohnsitz machte, wogegen sich seine Orgelbauwerkstatt in Hamburg befand. Sein Wohnhaus ist aber nicht erhalten, sondern durch einen gründerzeitlichen Neubau ersetzt.

Nordwestlich von Neuenfelde in Cranz sollte man am Neuenfelder Fährdeich 145 die sogenannte Jonas-Pforte aufsuchen, wohl die schönste der zwölf noch erhaltenen

Obwohl Seitenschiffe und Chor der Buxtehuder Petri-Kirche bei einer Restaurierung 1898/99 neu errichtet wurden, hat sich ihr gotischer Charakter weitgehend bewahrt. Bemerkenswert sind die Rundpfeiler, die in ähnlicher Form aus Uelzen und Lüneburg bekannt sind. Beachtlich sind weiter die frühbarocke Kanzel und der hohe Hauptaltar des Hamburger Meisters Hans Hinrich Römers aus dem Jahr 1710.

Nach seinem Besitzer wird das Anwesen in der Stellmacherstraße 9 von Neuenfelde auch Haus Palm genannt. Mit Brauttür und Hofpforte ist das reetgedeckte Bauernhaus typisch für das Alte Land.

Prunkpforten. Die Jahreszahl 1747 deutet auf einen Umbau, denn sie dürfte bereits um 1700 errichtet sein. Bedenkenswert ist ihre Inschrift: „Wir haben hier keine bleibende Stätte, sondern die zukünftige suchen wir."

Jork – sehenswerter Hauptort des Alten Landes

Das 1221 erstmals erwähnte **Jork** ist Hauptort des Alten Landes, wo vor etwa 600 Jahren der Obstanbau begonnen wurde. Das Rittergeschlecht der Herren von Jork nahm im 14. Jahrhundert an der Ostkolonisation teil, Gerd von Jork wurde Großmeister des Deutschen Ordens.
In der Literaturgeschichte bleibt Jork erinnerungswürdig, da hier am 8. Oktober 1776 G. E. Lessing Eva König heiratete. Die private Trauung fand im Haus des Hamburger Kaufmanns und portugiesischen Generalkonsuls Johann Schuback statt. Das Anwesen ist heute nicht mehr erhalten, nur eine Gedenktafel vor der Sparkasse erinnert an diesen historischen Ort.
Jork entstand als eine noch heute erkennbare Straßenhufensiedlung. Das Ortszentrum wird durch zahlreiche Fachwerkhäuser geprägt, aber auch die barocke Kirche ist sehenswert. Besondere Betrachtung verdient auch der Haren'sche Hof an der Osterjorker Straße 5, den bis 1651 Matthäus von Haren, Gräfe des Alten Landes, errichtete und der um 1780 umgreifend verändert wurde. Dieses als Gräfenhaus bezeichnete Gebäude ist allerdings nicht ursprünglich erhalten und wurde 1971 durch die Gemeinde erworben, um hier das Rathaus einzurichten. An Stelle des ursprünglichen Langhauses wurde ein Altländer Bauernhaus hierher versetzt.

Gräfliches Anwesen in Borstel

Romantisch an einem Fleet gelegen, ist der Ortsteil **Borstel** einen Besuch wert. Um die noch aus gotischer Zeit stammende Kirche mit überwiegend barocker Ausstattung, aber auch einem Bronze-Taufbecken aus der Zeit um 1325 ordnen sich sehenswerte Fachwerkbauten des 18. Jahrhunderts. Nördlich der Kirche (Große Seite 8) liegt der Wehrt'sche Hof mit T-förmigem Grundriß. Das Gebäude wurde vom Grafen Nikolaus Dehmel bald nach 1632, als der Vorgängerbau abbrannte, errichtet. 1657/77 war Hans Christian Graf von Königsmarck Eigentümer dieses Anwesens, das im Inneren herausragende Wohnkultur überliefert.
Nach dieser Begegnung mit der ländlichen Umgebung im Alten Land blicken wir abschließend hinüber zu dem zentralen Ort zwischen Harburg und Cuxhaven, nach **Stade**. Diese Stadt hat eine wechselvolle Geschichte, ihr

Besuch ist lohnend und benötigt etwas Zeit.

Die Ursprünge reichen noch in vorhistorische Zeit zurück. Das Christentum wurde unter Bischof Willehad von Bremen, der 789 starb, eingeführt. An ihn erinnert noch heute die Kirche St. Wilhadi. Bedeutend waren die Stader Grafen. Nachdem sich die Welfen Stade nicht dauerhaft sichern konnten, gelangte es 1236 an das Bistum Bremen. Im Dreißigjährigen Krieg war es umkämpft und wurde 1652 an Schweden übergeben. 1659 zerstörte ein Brand zwei Drittel der Stadt, die 1712 an die Dänen fiel und 1715 an Hannover gelangte. Die Geschichte hat das Gesicht der Stadt nachhaltig geprägt, die durch die Schweden zu einer bedeutenden Festung ausgebaut wurde.

Höhepunkte in Stade: Kirchen, Rathaus und Regionalmuseum

Die Kirche St. Wilhadi ist trotz zahlreicher jüngerer Veränderungen noch immer als gotische dreischiffige Hallenkirche des 14. Jahrhunderts erlebbar. Der Turm ist in der Barockzeit entstanden. Das Äußere ist 1860/76 weitgehend neugotisch verkleidet worden. Die Ausstattung gehört der Barockzeit an.

Nicht weniger bedeutend ist die Kirche St. Cosmae et Damiani, deren Baugeschichte bis in die Mitte des 13. Jahrhunderts reicht, aber wesentlich in der Barockzeit geprägt wurde, wie auch die Ausstattung in diese Zeit datiert.

Gleich nebenan befindet sich das Rathaus, das ab 1667 neu erbaut wurde. Die Hauptfassade des Winkelbaues wendet sich zur Hökerstraße, wo das reich gegliederte Säulenportal mit Figuren der Wahrheit und Gerechtigkeit des Bremer Bildhauers Wilhelm Bokeloh von 1667 hervorragt.

Am Ende der Straße Am Wasser West finden wir den Schwedenspeicher, 1692 als Proviantshaus für die schwedische Festung erbaut und seit 1977 als Regionalmuseum genutzt, das mit beachtenswerten Beständen landesgeschichtlichen Wandel ebenso zeigt wie lokale Geschichte.

Nur wenige Schritte vom Schwedenspeicher entfernt, erreichen wir Am Wasser West das zum Schwedenspeicher-Museum gehörige Kunsthaus mit einer Sammlung Worpsweder Kunst, die sich in dem stilvoll restaurierten Fachwerkhaus harmonisch präsentiert. Auch durch diese Ausstellung wird deutlich, wie eng die kulturellen Verbindungen dieser Region zu Bremen waren und bleiben.

Öffnungszeiten von Schwedenspeicher und Kunsthaus: Dienstag bis Freitag 10–17 Uhr, Samstag und Sonntag 9–18 Uhr.

Historische Bauten auf Schritt und Tritt

Von der mittelalterlichen Hansestadt mit einst zahlreichen Backsteinbauten ist nach dem Brand von 1659 nur wenig erhalten geblieben. So dominieren jetzt barocke

Hauptort des Alten Landes ist Jork. Sein Rathaus – ein großer Fachwerkbau mit T-förmigem Grundriß – erwuchs aus einem Gräfenhaus, das durch den Anbau eines umgesetzten Bauernhauses erweitert wurde. Somit ist das Jorker Rathaus eine „historische Komposition" mit im einzelnen beachtenswertem Zierat.

Neben der spätbarocken Ausstattung der Borsteler St. Nikolaus-Kirche mit ihren Priechen genannten Logen und dem Kanzelaltar ist als ältestes Inventar die Bronze-Taufe aus der Zeit um 1325 bedeutend.

Bauten, häufig in Fachwerk errichtet, aber insgesamt zeigt sich ein historisches Stadtbild, das von der Wasserumflut der einstigen Festung geprägt ist.

Aus der Zeit vor dem Stadtbrand stammt das dreigeschossige Giebelhaus Hökerstraße 29 von 1650, dessen Giebel an den Füllhölzern reich verziert ist. Massiv 1669 erbaut ist das Barockhaus Hökerstraße 26 mit dekorativen Feldern in Sandstein. In der Altstadt findet man weitere Beispiele von Bürgerhäusern, die Stade prägen und diese Stadt immer sehenswert sein lassen.

Baumhaus-, Heimat- und Freilichtmuseum

Von den historischen Bauten wird das Baumhaus-Museum an der Einfahrt zum Alten Hafen, Wasser Ost 28, gegenüber vom Schwedenspei-

cher museal genutzt. Dem Baumschließer, der einst den Hafen mit einem Baumstamm abriegelte, verdankt es seinen Namen. Später wurde das 1773 neu errichtete Gebäude bis 1947 Sitz des Hafenamtes.

Öffnungszeiten: März bis Oktober Samstag 15–18 Uhr, Sonntag 10–12 und 15–18 Uhr, November bis Februar Sonntag 15–17 Uhr.

Am Südrand der Altstadt befindet sich als weitere Museumsstätte das Heimatmuseum, Inselstraße 12.

Öffnungszeiten: Dienstag bis Samstag und jeden 2. und 4. Sonntag im Monat 10–13 und 14–16 Uhr.

Auf der Insel gegenüber liegt das Freilichtmuseum mit einem Marschbauernhaus (1733) und einem Geestbauernhaus (1841).

Öffnungszeiten: Mai bis September Dienstag bis Sonntag 10–13 und 14–17 Uhr.

Unübersehbar im pittoresken Stadtbild von Stade ist die Barockfassade des Bürgermeister-Hintze-Hauses am Wasser West. Sie ist einem spätgotischen Haus vorgeblendet. 1933 wurde sie unter Verwendung der originalen Bauteile neu aufgebaut. Besonders reich verziert ist das Portal. Typisch für Norddeutschland ist die Ornamentik aus Beschlag- und Ohrmuschelwerk.

Ein Märchenschloß im Nordosten Hamburgs besitzt Ahrensburg. Der Baumeister dieses schönen Renaissance-Baus ist unbekannt. Bauherr war Peter Rantzau. Der aus drei parallel aneinandergebauten Häusern mit geschwungenen Giebeln an Vorder- und Rückfront sowie vier Ecktürmen bestehende Bau geht in seiner Anlage auf das rund zehn Jahre jüngere Schloß Glücksburg bei Flensburg zurück.

Als schönster Adelsbau in Hamburgs Umgebung spiegelt sich das Ahrensburger Renaissance-Schloß im Wasser des Schloßgrabens. Seine Innenräume geben einen Einblick in die holsteinische Adelskultur. Einen interessanten Kontrast bietet die ländliche Kultur der Vierlande, Hamburgs großes Gemüse- und Blumenland im Südosten.

Der Spaziergang durch das erst 1937/38 in die Hansestadt Hamburg eingemeindete **Bergedorf** beginnt dort, wo die einstige Selbständigkeit am sinnfälligsten wird, am Schloß. Den Schloßbereich betritt man über den malerisch-romantisch mit Schmiedeeisengittern, Findlingsmauern, Pfostenleuchten und einer kleinen Hängebrücke in Jugendstilformen um 1900 neu gestalteten Schloßpark. Der Bau entstand im wesentlichen im 16. und 17. Jahrhundert. Mit einer grundlegenden Erneuerung um 1900 schuf man unter dem Hamburger Speicherstadtarchitekten Franz Andreas Meyer mit glasierten Steinen und Formsteinen, Wappenfeldern und Turm einen sich mittelalterlich gebenden aufwendigen Eingangsbau im Stil der Norddeutschen Backsteingotik.

Das im Schloß untergebrachte *Museum* informiert über die lokale Kulturgeschichte. Im Zusammenhang mit der Schloßerneuerung um 1900 stattete man das sogenannte Landherrenzimmer als Sitzungs- und Amtsraum für die regierenden Hamburger Landherren reich mit Intarsien aus, ein in den Vierlanden besonders gepflegtes Kunsthandwerk.

Öffnungszeiten: Dienstag, Mittwoch, Donnerstag und Sonntag 10–17 Uhr.

Auf der gegenüberliegenden Seite der angestauten Bille steht das Amtsgericht, Ernst-Mantius-Straße 8, erbaut 1926/27 durch Fritz Schumacher als streng gegliederter Bau mit dunkler Klinkerverblendung und Baukeramik von Richard Kuöhl.

Dem Schloßpark vorgelagert ist die Kirche St. Petri und Pauli, ein Fachwerksaal von 1500 mit Erweiterungen im 16./17. Jahrhundert. Das dörflich-ländlich anmutende Innere bestimmen die zahlreichen Emporengemälde aus dem 17. Jahrhundert mit Darstellungen des Alten Testaments und der Evangelien. Besonders prächtig wirkt die Kanzel (1586). Ihre Brüstungsflächen zeigen Darstellungen neutestamentlicher Heilstaten. Am Altar (1562) erscheinen die Figuren von Aaron und Moses. Das Altarbild aus dem 19. Jahrhundert zeigt die Kreuzigung Jesu mit den Schächern, darunter findet sich die Darstellung des Abendmahls.

Auf dem Weg zur Innenstadt quert man den Kaiser-Wilhelm-Platz mit dem kleinen in gründerzeitlicher Pracht mit farbigem figürlichem Keramikschmuck ausgestatteten Schalenbrunnen (1888), einem Geschenk des Besitzers der Bergedorfer Wasserwerke, C. T. Sieverts.

In der Fußgängerstraße Sachsentor finden sich neben kleinen Fachwerkgebäuden einige unverfälscht erhaltene Wohnhäuser des 19./20. Jahrhunderts. So ist Sachsentor 24 eine 1888 im Neorenaissancestil erbaute Stadtvilla. Sachsentor 40 stellt ein großes und repräsentatives Etagenwohnhaus dar, ebenfalls im Neorenaissancestil, das aufwendig mit Baluster, Türmen, rustizierten Hausecken geschmückt ist. Dage-

Schloß Ahrensburg und die Vierlande

gen ist Sachsentor 11 ein um 1905 als Jugendstilbau mit Ladeneinbauten errichtetes und bis ins Detail erhaltenes Wohn- und Geschäftshaus.

20er-Jahre-Bauten in Bergedorf

Vorbei an der Holländerwindmühle (1831) in der Chrysanderstraße und durch das Villengebiet gelangt man zum Luisengymnasium, Reinbeker Weg 76, einem 1929/31 unter Fritz Schumacher entstandenen Klinkerkomplex. Er wurde, wie das Amtsgericht, im Sinne der Neuen Sachlichkeit errichtet, jedoch nicht ohne Verwendung verbindlicher Klinkerornamentik und mit starkem lokalkulturellem Bezug: Vor dem Eingang steht die Bronzeplastik des *Tanzenden Vierländer Paares* von Hartlieb Rex.

Unterhalb des Villengebietes endet der Rundgang an der heutigen Bezirksverwaltung, dem ehemaligen Bergedorfer Rathaus, Wentorfer Straße 38. 1926/27 wurde dafür eine 1898/99 durch Johannes Grotjan, einen der Hamburger Rathausbaumeister, erbaute Privatvilla unter Bewahrung der wichtigsten Räume in einen qualitätvollen „Neubau" mit guten Details der zwanziger Jahre umgebaut.

Märchenhaftes Wasserschloß Ahrensburg

Nicht ganz so nah wie nach Reinbek ist ein Ausflug nach Ahrensburg, doch der Weg lohnt sich. **Ahrensburg** geht auf eine von Heinrich Carl Schimmelmann nach dem Erwerb des unrentierlich gewordenen Rantzauschen Gutes 1759/64 anstelle des Marktfleckens veranlaßte kleine Barockstadt-Anlage zurück. Schloß, Kirche und Gottesbuden hatte Peter Rantzau um 1595 als Zentrum einer neuen Gutsherrschaft erbauen lassen.

Die Kirche, ein Backsteinsaalbau von 1594/95 mit barockem Walmdach und Dachreiter (1745), erhielt nach der Zerstörung durch die Schweden (1713) eine neue Ausstattung durch den Hofschnitzer Carl Döbel: einen barocken *Kanzelaltar* mit beschnitztem Aufbau mit Säulen und Pilastern, den Figuren Christi und der vier Evangelisten, beschnitzter Kanzeltür und Schalldeckel mit Putten sowie einem Aufsatz mit Kruzifix und den Figuren von Maria und Maria Magdalena. Dazu kamen das *Pastoren-* und *Herrschaftsgestühl* und der mit Akanthusschnitzereien versehene dreiteilige *Orgelprospekt*. Im Gruftanbau (1745) birgt ein auf liegenden Löwen gestellter Sandsteinsarkophag den Bleisarg des 1746 verstorbenen Grafen. Flankiert wird die Kirche von zwei Reihen eingeschossiger Wohnhäuser, den Gottesbuden, einer Rantzauschen Armenstiftung.

Das Schloß liegt malerisch inmitten eines im 19. Jahrhundert als englischer Landschaftspark angelegten Ge-

Wie Harburg, Altona und Wandsbek war Bergedorf bis 1937 eine selbständige Stadt und ist heute, wie die anderen auch, Mittelpunkt eines Hamburger Bezirkes. Erinnerung an seine eigenständige Vergangenheit ist das Schloß. Die Vierflügelanlage geht auf eine Wasserburg des 13. Jahrhunderts zurück. Das heutige Museum im Schloß ist eine Außenstelle des Museums für Hamburgische Geschichte.

Rechts: Eine Restaurierung der jüngsten Zeit hat dem Reinbeker Schloß wieder zu seinem alten Glanz verholfen. Es ist die erste dreiflügelige Renaissance-Anlage im Lande. Wie die Schlösser des Wesergebietes besitzt es in der Hofecke einen eckigen Treppenturm mit einer von einer offenen Laterne bekrönten Haube.

ländes. 1595 für Peter Rantzau errichtet, gilt es als Hauptwerk der Spätrenaissance in Schleswig-Holstein. Das Innere wurde in der Schimmelmannschen Zeit (1756 bis 1932) umgebaut (nach 1759 und 1855/56) und bezeugt eindrucksvoll Lebens- und Wohnkultur des Adels im 18. und 19. Jahrhundert.

Der *Gartensaal* im Erdgeschoß (1762) zeigt in den Wandpaneelen Tierstilleben von Tobias Stranover (1684 bis 1735), die Supraporten sind von dem schwedischen Maler L. Lönberg. Im Obergeschoß beeindrucken der in spätklassizistischen Formen geschaffene *Speisesaal* und der *Festsaal*, insbesondere durch die prächtigen Parkettböden.

Öffnungszeiten: Dienstag bis Sonntag 10–12.30 und 13.30–18 Uhr, im Winterhalbjahr bis Einbruch der Dämmerung.

Renaissance-Schloß in Reinbek

Das Schloß in **Reinbek** – eine Dreiflügelanlage der Spätrenaissance (1571/75) – entstand unter Herzog Adolf von Schleswig-Holstein-Gottorff nach dem Vorbild der modernen Lustschlösser in Frankreich und als erstes nicht mehr fortifikatorischen Zwecken dienendes Schloß. Architektur und Detailausbildung sprechen für die Beteiligung von Niederländern als Architekten und Bauhandwerker: ein unverputzter, weiß verfugter Ziegelbau mit eingelegten Sandsteinbändern und Kreuzstockrahmen der Fenster aus Sandstein.

In den restaurierten Räumen finden sich unter anderem auf die Umgestaltung durch Herzogin Augusta zu Beginn des 17. Jahrhunderts zurückgehende bemalte Balkendekken von hohem kunsthistorischem Wert. Bemerkenswert ist darüber hinaus die Dachkonstruktion mit Krummspannern.

Öffnungszeiten: April bis September Mittwoch bis Sonntag 10–18 Uhr, im Winterhalbjahr bis 17 Uhr.

Die **Vierlande** im Südosten Hamburgs sind eine im Hochmittelalter planmäßig angelegte Marschhufendorf-Kulturlandschaft, die zusammen mit den westlichen Marschlanden das große Gemüse- und Blumenland der Hansestadt darstellt. Das großflä-

Die kostbarsten Innenräume der „Schlösser" rund um Hamburg besitzt Ahrensburg. Hier ein Blick in den 1855 in spätklassizistischen Formen neugestalteten Festsaal mit seinem prächtigen Parkettboden.

Die Hofanlage des Rieck-Hauses aus dem 16. bis 19. Jahrhundert in ihrer ursprünglichen Lage am Deich innerhalb des Vierländer Dorfes Curslack ist heute Freilichtmuseum. Bauernhaus und Scheune stammen aus der Zeit um 1530 und sind das älteste erhaltene Ensemble dieser Art in den Vierlanden. Die Bockwindmühle zur Feldentwässerung entstammt dagegen erst dem vorigen Jahrhundert.

chig eingedeichte Gebiet der Vierlande besteht aus den Kirchspielen Curslack und Altengamme, Neuengamme und Kirchwerder.

Vierländer Kultur im Freilichtmuseum des Ortes Curslack

Von Norden, zum Beispiel aus Bergedorf, kommend, wird kurz hinter der Autobahn 25 die Gegend ländlicher. In **Curslack** am Curslacker Deich 284 findet man sich beim Freilichtmuseum Rieck-Haus inmitten der bäuerlichen Vierländer Kulturlandschaft. Hier gibt es einige ansonsten nicht mehr vorfindbare landwirtschaftliche Nebengebäude, wie den *Heuberg* (eine offene Scheune) und die *Feldentwässerungsmühle* mit archimedischer Schnecke, die einst in vielen Exemplaren an den Gräben standen und für geregelte Wasserverhältnisse auf den Feldern sorgten.

Das *Wohnwirtschaftsgebäude* (um 1530 erbaut, 1663 Erneuerung des Wohnteils) gibt im Innern Aufschluß über die Wohnverhältnisse der Bauern. Der Außenbau dokumentiert den damaligen Reichtum der Bauern in einer sehr aufwendigen Gestaltung mit mehrfach vorkragendem Giebel, beschnitzten Knaggen, Füllbrettern und Schwellen, Zierverbänden und dekorativen Balkensetzungen.

Öffnungszeiten: Dienstag bis Sonntag April bis September 10–17 Uhr, Oktober bis März 10–16 Uhr.

Der Ortskern Curslack wird überragt vom Kirchturm der St. Johannis-Kirche, 1599 bis 1603 als Fachwerksaalkirche erbaut, 1801/02 in eine kreuzförmige Anlage umgebaut. Der freistehende Kirchturm mit der markanten holzschindelgedeckten Haube (1761) gilt als der „stattlichste des Spätbarock im Lande". Landschaftstypische Gebäude prägen den Ortskern. Die Kate Curslacker Deich 157 (1747) ist im Innern in ihrer alten Struktur erhalten. Der einfache Außenbau zeigt mit den mit Flachschnitzerei und Inschriften versehenen Türstürzen liebenswerte Details. Östlich des Zentrums kann man beim Hof Curslacker Deich 112 (Haupthaus von 1769) aus dem kunsthandwerklichen Repertoire der Vierländer die reich beschnitzte Hofpforte bewundern. Ferner fallen an der Traufenseite des Gebäudes zwei Kratzputzfelder auf, eine Bauschmucktechnik des 17. und 18. Jahrhunderts, bei welcher die auf eine weiße Kalkschicht aufgetragene rote Schicht aus gemahlenem Ziegel und Öl in dem gewünschten Muster ausgekratzt wurde.

Fachwerkgehöfte mit prächtigen Giebeln in Neuengamme

Über Foortstegel und Curslacker Kirchenbrücke – rechts das Wohn- und ehemalige Wirtshaus Curslacker Deich 149 (1901) in für die Jahrhundertwende charakteristischer Gestaltung mit sehr gut erhaltenen Details – erreicht man das südlich der Dove Elbe gelegene Dorf **Neuengamme**. Im Stegelquartier, einer seit dem 17. Jahrhundert nachweisbaren Ortskernerweiterung im Außendeichsland findet man Bebauung, die teilweise bis ins 16. Jahrhundert zurückreicht. Ein Beispiel ist das Wohnhaus Achter de Wisch 23.

Am Neuengammer Hausdeich 249 steht die 1889 erbaute Kirchenschule. Sie ist die wohl schönste der Vierlande in vergleichsweise aufwendiger Gestaltung mit Backsteinzier- und Keramik-Friesen. Daneben finden sich außer Fachwerkgehöften wie Neuengammer Hausdeich 245 und Fachwerkkaten wie Neuengammer Hausdeich 254 (1636), mit Zierverband und Taustabschnitzereien außergewöhnlich reich ausgestattet, Beispiele des ländlichen Bauwesens des 19. Jahrhunderts. Darunter sei das kleine Einfamilienwohnhaus (1907) Neuengammer Hausdeich 241 mit Jugendstildekor ganz besonders erwähnt.

Etwa zwei Kilometer westlich vom Ortskern stehen die neben dem oben erwähnten Rieck-Haus in Curslack wegen ihres gestalterischen Aufwandes wohl prächtigsten Bauernhausgiebel der Vierlande: Neuengammer Hausdeich 343 (1626) und Neuengammer Hausdeich 413 (Anfang 17. Jahrhundert) mit Zierausfachungen, geraden und geschweiften Andreaskreuzen, beschnitzten Knaggen, Füllhölzern und Setzschwellen.

Bemerkenswert: das kunstvolle Gestühl von St. Johannis

Der bäuerliche Reichtum von Neuengamme zeigt sich nicht nur im Schmuck der Bauernhäuser, sondern auch in der Ausstattung der Kirche St. Johannis. Das 1261 erstmals erwähnte Gotteshaus besteht aus drei Bauabschnitten: einem Feldsteinbau des 13. Jahrhunderts, einem gotischen Backsteinchor des 14. Jahrhunderts und einem Erweiterungsbau von 1801/03. Der Schatz im Inneren ist das reich verzierte Gestühl aus dem 16. bis 19. Jahrhundert. Besonders hervorzuheben ist die Reihe 15 auf der Südseite aus dem Jahre 1666. Phantasievolle Hutständer des 18./19. Jahrhunderts an den Männerbänken sowie die Messingkronleuchter von 1596 und 1644 bereichern die sonst eher schlichte klassizistische Ausstattung.

Der weitere Weg führt westlich der Kirche auf der ehemaligen Trasse der Vierländer Eisenbahn (1911 für den Personen- und Güterverkehr eingerichtet) nach Süden. Links liegt das Neuengammer Pastorat, 1906 ganz im Sinne der damals sehr aktiven lokalen Heimatschutzbewegung mit mächtigem Walmdach, Fachwerk und Schnitzwerk erbaut.

Am Zusammentreffen von Norderquerweg und Bahndamm steht sehr auffällig der ehemalige Bahnhof „Norderquerweg" (1912). Er ist neben zwei weiteren von ehemals insgesamt vier nach Abbruch der bereits damals als Repräsentierbahnhof geltenden Station „Zollenspieker" der am aufwendigsten gestaltete.

Östlich der Bahnlinie liegt der Ortskern von **Kirchwerder,** das größte der ehemaligen Vierländer Kirchspiele, mit der Kirche St. Severin.

Die Döns, die Gute Stube, war in den schornsteinlosen Bauernhäusern am gemütlichsten. Der vom Flett, dem Herdraum in der Diele, aus beheizte Kachelofen verbreitete wohlige Wärme. Nicht immer waren die Dönsen so reich ausgestattet wie hier im Rieck-Haus. Ein Gemälde ziert die Wand, die Decke ist unstvoll bemalt, und die mit reicher Intarsienarbeit versehenen Bettschnapptüren schließen sich zu einer Vertäfelung zusammen.

In den Kirchen von Altengamme und Neuengamme – hier im Bild – befindet sich das schönste Gestühl. Die Gemeindemitglieder besaßen hier eigene Kirchenplätze, die sie nach Geschmack und Vermögen mit Intarsiendekoration gestalteten. Eine Tradition, die übrigens bis über das 19. Jahrhundert hinaus erhalten blieb. Zum Männergestühl gehören Huthalter in den unterschiedlichsten Formen.

Der Feldsteinbau des frühen 13. Jahrhunderts wurde 1785/91 in Form der heutigen Saalkirche mit südlichem Querarm weitgehend neu errichtet. Erhalten blieb dabei der Fachwerkanbau des über hundert Jahre älteren Brauthauses von 1649/50 neben dem Nordportal.

Besonders wertvolle Grabplatten in Kirchwerders Kirche

Die Ausstattung entstammt vornehmlich dem 18. Jahrhundert. Etwas jünger sind die klassizistische Kanzel und Taufe von 1806, älter dagegen die vier schönen Messingkronleuchter von 1601 bis 1666. Besonders hervorzuheben sind die wertvollen *Grabplatten* des 16. bis 18. Jahrhunderts, die umfangreichste Sammlung der Region. Ihre schönsten Stücke sind im Brauthaus der Kirche aufgestellt, die übrigen finden sich am Rande des Friedhofs.

Hinter der Kirche erreicht man über den Fersenweg wieder die Bahntrasse, die zur Elbe führt. Östlich liegt in **Zollenspieker** das Zollenspieker Fährhaus, der wohl geschichtsträchtigste Platz der Vierlande. Seit 1252 als Eßlinger Zoll bekannt und 1420 in den Machtbereich der Städte Hamburg und Lübeck gelangt, wurde hier Zoll erhoben und die „herrschaftliche" und jahrhundertelang einzig legale Fährverbindung nach dem gegenüberliegenden Elbufer unterhalten. 1621 zerstörten die Lüneburger das Wacht- und Zollhaus, der Wiederaufbau folgte unmittelbar. Heute finden sich dort, der Tradition verbunden, eine Gaststätte mit einem großen Saal, übrigens einer der ganz wenigen gut erhaltenen Festsäle der Jahrhundertwende, ein schöner Kaffeegarten sowie die Elbfähre nach Hoopte.

Auf dem Hauptdeich entlang zur Riepenburger Mühle

Auf dem Hauptdeich geht es weiter nach Osten bis zum Kirchwerder Mühlendamm. An der 1830 als Galerieholländer erbauten Riepenburger Mühle vorbei (ehemals herrschaftliche und bis 1876 einzige Kornwindmühle der Vierlanden) erreicht man in Richtung Norden die Bauernschaft Ohe. Über eine alleeartige Zufahrt gelangt man zu dem imposanten Hof Kirchwerder Mühlendamm 5. Er besteht aus dem Wohn-Wirtschaftsgebäude (1834) mit Rundwalm, einer schlichten Fachwerkscheune (um 1820), einer Holzbohlenscheune (1631) mit für ein im Dreißigjährigen Krieg erbautes Wirtschaftsgebäude aufwendigen Holzschnitzereien und dem ältesten in den Vierlanden erhaltenen Kornspeicher (1535). Der Hof ist als landwirtschaftlicher Betrieb voll in Nutzung.
Besichtigungen mit Führung: Nur nach telefonischer Voranmeldung, Telefon 040/7 23 03 37.

Nördlich von Ohe liegt am Jean-Dolidier-Weg das ehemalige Konzentrationslager Neuengamme. 55 000 der 106 000 nach hier verbrachten Häftlinge kamen hier um oder wurden ermordet. 1965 richtete man hier die Ge-

Die Ausstattung von Kirchwerders St. Severin-Kirche entstammt dem 17. bis 19. Jahrhundert. Älteste Stücke sind die Messingkronleuchter. Eine Empore umzieht den Chor sowie die Nord- und Westseite. Der Altar ist die Arbeit eines Bergedorfer Tischlers von 1785. Sein Kreuzigungsbild schuf der Lübecker Maler Johann Caspar Bleyel nach einem Vorbild von van Dyck. Die klassizistische Taufe entstand 1806.

denkstätte mit Denkmalstele, Inschriftwand und Bronzeplastik (Françoise Salmon) ein. In dem 1980/81 nach Entwürfen von Brunsmann und Scharf erbauten Dokumentenhaus finden Ausstellungen über das Konzentrationslager statt.
Öffnungszeiten: Dienstag bis Sonntag 10–17 Uhr.
Am Neuengammer Hausdeich führt der Weg wieder nach Südosten Richtung Elbe. Dabei geht es vorbei an dem Gehöft Neuengammer Hausdeich 81, einem breitgelagerten traditionellen Hufnerhaus mit Kern aus der zweiten Hälfte des 16. Jahrhunderts und dem Speicher von 1580. Auch die Kate Neuengammer Hausdeich 77 mit den zahlreichen Zierausfachungen, wie sie im 17. und vereinzelt noch im 18. Jahrhundert charakteristisch waren, lohnt nähere Betrachtung, ebenso der große und aufwendige Backsteinrohbau Neuengammer Hausdeich 31 (1890), der gründerzeitliche Nachfolger des traditionellen Fachwerkbauernhauses.

Ein wahres Kleinod — Altengammes St. Nikolai-Kirche

Über den Marschbahndamm oder den Deich erreicht man **Altengamme**. Das kleine Ortszentrum wird von der Kirche St. Nikolai geprägt. Im Kircheninnern präsentiert sich dem Betrachter zunächst ein Gewirr aus dünnen, schmiedeeisernen Gebilden, *Hutständern*, wie sie für die Vierländer Kirchen typisch und hier in einer großen Anzahl kunstvoll gefertigter Stücke vertreten sind. Die ältesten stammen aus dem 18. Jahrhundert. Mit ihrer Rokoko-Ausstattung gilt die Altengammer Kirche als das „beste erhaltene Ensemble der schmuckfreudigen Vierländer Volkskunst".
Der Ortskern selbst lohnt ein kurzes Verweilen. Denn er ist bemerkenswert intakt mit dem großen Pastoratsgebäude (1902 im Heimatstil), dem neuen Schulhaus, Kirchenstegel 12, und alten Schulhaus, Kirchenstegel 20, und dem Küsterhaus, Kirchenstegel 9, von 1908.
Östlich des Ortskerns führt der Gammer Weg nach Norden zum Horster Damm. Von dort nach Westen erreicht man die alte Siedlung **Horst** mit Bauern- und Wohnhäusern des 17. bis 20. Jahrhunderts.
Darunter besonders bemerkenswert ist das Hufnerhaus Horster Damm 245 (um 1800), ein Bauwerk mit ungewöhnlichem und in den Vierlanden einmaligem Schmuckaufwand in Form kleiner geschnitzter Rosetten und Trauben sowie über den Wohnteiltüren reich ornamental geschnitzter Holzverdachungen. Über die Rothenhauschaussee geht der Weg, vorbei an den in den 1920er Jahren errichteten Klinkerwohngebäuden, wieder nach Bergedorf, dem Ausgangsort, zurück.

Mit ihrer reichen Ausstattung ist die St. Nikolai-Kirche von Altengamme das interessanteste Beispiel der schmuckfreudigen Vierländer Volkskunst. Besondere Bedeutung haben auch hier die Hutständer und das Kirchengestühl. Der Verkauf der vererbbaren Kirchenplätze war eine bedeutende Einnahme der Kirche. Die Plätze am Gang waren die teuersten, die auf den Emporen am billigsten.

Eine Berühmtheit im Museum für Kunst und Gewerbe ist die Jugendstilsammlung mit dem von seinem ersten Direktor Justus Brinckmann auf der Pariser Weltausstellung von 1900 erworbenen Pariser Salon. Mit einer Sonderbewilligung des Hamburger Senats in Höhe von 100 000 Goldmark hatte er damals seinen Kauf getätigt, der erst seit der Zeit um 1959 mit der Neubewertung der Kunst zwischen 1880 und 1910 richtig zu Ehren kam.

Gewerbe

Format besitzen die Hamburger Museen. Besonders hervorzuheben ist die Kunsthalle. Sie ist nicht nur eine erstklassige Gemäldegalerie, sondern hat sich durch ihr Ausstellungsangebot auch einen weithin bekannten Namen gemacht. In seinem kunstgewerblichen Sammlungsgebiet nicht minder rangvoll ist das Museum für Kunst und Gewerbe.

Hamburgs interessante Museumslandschaft wird von den sieben großen staatlichen Museen der Freien und Hansestadt bestimmt. Von herausragender Bedeutung für den Kunstbereich sind die Kunsthalle und das Museum für Kunst und Gewerbe, zwei Institutionen, die zudem durch ihr hervorragendes Ausstellungsangebot Hamburgs Kunstszene in besonderem Maße bereichern.

Das Museum für Kunst und Gewerbe

Der mächtige, in der Nähe des Hamburger Hauptbahnhofs gelegene Bau birgt eine Sammlung besonderer Art: Hinsichtlich der vertretenen Kunstprodukte unterschiedlicher Stilperioden, Kulturkreise und Objekttypen macht sie das Museum für Kunst und Gewerbe (16) zu Hamburgs vielseitigstem Haus. 1877 wurde das Museum im heutigen Gebäude am Steintorplatz 1 eröffnet. Die Breite des Angebots wurde schon durch seinen Gründer und ersten Direktor Justus Brinckmann (1877 bis 1915) angelegt und von seinen Nachfolgern erweitert.

So erhält der Besucher heute vom Mittelalter bis zum Historismus, vom Jugendstil bis zur zeitgenössischen Kunst, von der Antike über Islam und China bis Japan einen umfassenden Überblick über die Kunst des Ostens und Westens. Mit der seit 1879 alljährlich im Advent stattfindenden „Jahresmesse des norddeutschen Kunsthandwerks" gibt das Museum auch heute noch, entsprechend den Grundsätzen von Justus Brinckmann, den aktuellen Tendenzen im Kunsthandwerk ein Ausstellungsforum.

In der Antikenabteilung sind Kunstwerke aus Ägypten, dem alten Orient und dem griechisch-römischen Kulturkreis zusammengefaßt. Hier wird außer den großen Sammlungen römischer Porträtköpfe sowie griechischer und unteritalischer Vasen auch eine hockende Sphinx gezeigt, die im 6. Jahrhundert v. Chr. wahrscheinlich in Vulci, dem Zentrum etruskischer Kunst, als Grabwächter diente.

Das europäische Mittelalter ist vor allem durch religiöse Skulpturen aus Holz und Stein vertreten. Zu nennen sind die Figur des Jesuskindes von Gregor Erhard und die Marienfigur von Tilman Riemenschneider. Zudem sind auch seltene Textilien zu bewundern, wie ein mit Gold- und Seidenfäden bestickter Beutel, der um 1340 in Frankreich entstanden ist, oder der berühmte Osterteppich von 1504 aus dem Kloster Lüne bei Lüneburg. Hervorzuheben sind ferner die romanischen Bronzen und eine Reihe ausgezeichneter Elfenbeinwerke des 11. bis 13. Jahrhunderts.

Das Museum vermittelt ein reiches Bild von der Kunst der Renaissance und des Manierismus. Vertäfelte Innenräume aus Lüneburg und Rendsburg, norddeutsche Truhen sowie kunstvolle süddeutsche Intarsienmöbel, ergänzt durch Teppiche, Goldschmiedearbeiten, Gläser, Zinn und Fayencen, führen

Museen: Kunst, und Geschichte

Auf eine wechselvolle Geschichte kann der große Flügelaltar des Meisters Bertram, der 1383 in der Hamburger Petri-Kirche aufgestellt worden war, zurückblicken. Heute gehört er zu den Meisterwerken der Hamburger Kunsthalle. Die Bildsprache des Malers ist einfach und anschaulich. Plastisch erscheinen die klar umrissenen Figuren vor dem vereinheitlichenden Goldgrund. Hier die Szene der Erschaffung der Tiere aus der Schöpfungsgeschichte.

die Wohnkultur jener Epochen vor Augen.
Die Folge der Räume, die Barock und Rokoko, Klassizismus und Biedermeier gewidmet ist, beherbergt neben einer Fülle von niederländischen, französischen und deutschen Möbeln auch Musikinstrumente, zum Beispiel ein Cembalo von 1727, sowie Goldschmiedearbeiten berühmter Augsburger und Hamburger Werkstätten, wie zum Beispiel das mecklenburgische Toilette-Service von etwa 1720.
Die Abteilung der Kleinplastiken ist durch die Werke bekannter Künstler wie Georg Petel, Leonhard Kern, Alessandro Algardi, Mathias Günther und François Houdon ausgezeichnet. Die Bestände an Porzellan und Fayencen gehören zu den größten der Welt. Sie sind besonders kostbar durch die Werke des Johann Joachim Kändler aus Meißen und Franz Anton Bustelli aus Nymphenburg.
Die berühmte Jugendstilsammlung besteht in ihrem Kern aus den umfangreichen Ankäufen, die Justus Brinckmann auf der Weltausstellung 1900 in Paris tätigte. Als einzigartig geschlossenes Ensemble ist seitdem das „Pariser Zimmer" zu bewundern. Ein Beispiel der kostbaren Möbel ist die rund sieben Meter hohe Eckvitrine des Georges Hoentschel mit dem Tafelaufsatz „Das Schärpenspiel", das Agathon Leonard für die Porzellanmanufaktur Sèvres entworfen hatte. Weiter zu sehen ist Glas von Emile Gallé etc. Vier Zimmer des Henry van de Velde, Möbel von Peter Behrens und Richard Riemerschmidt, ein Schrank des berühmten Malers Paul Gauguin oder der Wandbrunnen des noch jungen Ernst Barlach sind ebenso zu bewundern wie Schmuck von René

Rechts: Vor den Türmen von St. Katharinen, St. Nikolai und St. Petri malte Philipp Otto Runge 1806 die Kinder F. A. Hülsenbecks, des Freundes und Geschäftspartners seines Bruders Daniel. Geschildert werden drei Phasen der kindlichen Entwicklung: Begreifen durch Kleinkind Friedrich, Sehen durch August und Denken durch Marie. Das Heranreifen und Entfalten im Spiel und in der Natur entsprach den pädagogischen Tendenzen seiner Zeit.

Lalique oder Vever Frères. Seit August 1990 ist die „Moderne" wiedereröffnet. Über zwei Stockwerke sind Art deco und Bauhaus, Expressionismus sowie Möbel und Gebrauchsdesign ausgestellt.

In der Fotosammlung werden sowohl Dokumente zu Geschichte und Entwicklung der Fotografie als auch aktuelle Ausstellungen gezeigt.

Die Ostasien-Abteilung ist gegliedert in China, Japan und Islam. Hier sind Keramik, Teppiche, Bronzen und Bücher ausgestellt. Hervorzuheben sind die chinesischen Ritualbronzen, die große Sammlung japanischer Inros und die islamische Baukeramik.

Öffnungszeiten: Dienstag bis Sonntag 10–18 Uhr, jedes 3. Wochenende im Monat finden im Teehaus „Shoseian" die Teezeremonien statt: Samstag 13, 14 und 15 Uhr, Sonntag 11, 13, 14 und 15 Uhr, Anmeldung: 040/ 24 86 27 32.

Die Hamburger Kunsthalle

Die Hamburger Kunsthalle (18), Glockengießerwall (am Hauptbahnhof), verdankt ihre Entstehung der Initiative des 1817 gegründeten „Kunstvereins in Hamburg", der 1850 die erste „Öffentliche städtische Gemälde-Galerie" in den Börsenarkaden eröffnete. „Jedem anständig Gekleideten, den Kindern aber nur in Begleitung Erwachsener" stand die Betrachtung von 40 Gemälden frei.

Durch Schenkungen wuchs die Sammlung schnell. Die Errichtung eines eigenen Gebäudes wurde nötig, das – weitgehend aus Spenden finanziert – im August 1869 eröffnet werden konnte. Während sich bis dahin die Bestände größtenteils aus Stiftungen einzelner Bilder und ganzer Sammlungen zusammensetzte und nur zum kleineren Teil durch Ankäufe einer Kommission vermehrt worden waren, wurde 1886 als erster Direktor Alfred Lichtwark berufen, der die Galerie zum Weltruhm erhob. Durch die Wiederentdeckung und Erwerbung der Werke der großen Hamburger Maler des Mittelalters, Meister Bertram und Meister Francke, und der Romantik, Philipp Otto Runge und Caspar David Friedrich, sowie den Ankauf der Sammlung Hudtwalcker-Wesselhöft mit ihren reichen Beständen niederländischer Malerei glückte ihm der rasche Ausbau der Sammlung. Besonderes Gewicht gab er der Sammlung neuerer Meister bis zur damaligen Gegenwart: Menzel, Leibl, Thoma, Liebermann, Corinth usw. Gleichzeitig orientierte

84 er sich auch über die deutschen Grenzen hinaus durch den Erwerb der Werke von Courbet, Manet, Renoir, Bonnard und Vuillard.
Lichtwarks Nachfolger Gustav Pauli, der seit 1914 die Hamburger Kunsthalle leitete, konnte den aus Platzgründen unumgänglich gewordenen sogenannten „Neubau" nach Kriegsende 1919 eröffnen, dessen Idee es war, Säle mit besonderem Oberlicht durch Kabinette mit hohem Seitenlicht zu flankieren. Mit dem Bezug des Neubaus verband Pauli eine Neuordnung der Sammlung. Nun war es vorbei mit der Überfüllung der Säle, eine klare Gliederung des Bestandes erleichterte die Einsicht in die Entwicklung der Malerei. Pauli war es auch, der die großen Bestände des Kupferstichkabinetts erstmals wissenschaftlich ordnete und in den folgenden Jahren konsequent ausbaute.
Die neue Kunst, der Lichtwark nicht mehr folgen konnte, zog mit Pauli in die Kunst-

Die „Nana" des Franzosen Edouard Manet von 1877 ist eines der bedeutendsten Werke der Hamburger Kunsthalle. Die „Nanas" waren Ausdruck einer Zeiterscheinung. Schöne, junge, arme Mädchen, die sich durch ihre Beziehungen zu reicheren älteren Herren der Bürgerschicht einen gesellschaftlichen Aufstieg erhofften. Literarisch behandelt „Nana" Emile Zola, mit dem Manet engen Kontakt hatte.

halle ein: Franz Marcs „Mandrill", Kokoschkas „Windsbraut", Noldes „Christus und die Kinder" oder etwa Picassos „Absinthtrinkerin". Seine glanzvollste Erwerbung jedoch war sicherlich Manets „Nana", die noch heute einen der Höhepunkte der Sammlung darstellt.
Nach Paulis Entlassung 1933 konnte der kommissarische Direktor Harald Busch die moderne Abteilung noch eine Zeitlang gegen den Ansturm der nationalsozialistischen Kulturpolitiker verteidigen. Unter dem neuen Direktor Werner Kloos ging dann 1937, wie in allen deutschen Museen, der Sturm der Beschlagnahmung „entarteter Kunst" auch über die Kunsthalle hinweg und vernichtete die moderne Abteilung: 74 Gemälde und rund 1200 Zeichnungen und grafische Blätter gingen der Sammlung verloren.
Carl Georg Heise, vor 1933 Direktor der Museen in Lübeck, hat nach 1945 in schwerster Zeit der Hambur-

ger Kunsthalle ihren alten Ruf wiedergegeben. Vor allem hat er die Sammlung moderner Kunst völlig neu aufgebaut, zu einer der besten in Deutschland. Sie war am Ende seiner Amtszeit schon wesentlich bedeutender und vielseitiger als die 1937 verlorene, auch wenn einige Hauptwerke nie ersetzt werden können. Heise baute außerdem die früher vernachlässigte Sammlung der Skulpturen des 19. und 20. Jahrhunderts zu einer der bedeutendsten in Deutschland aus.

Seinem Nachfolger Alfred Hentzen war der Weg durch die Vorgänger deutlich vorgezeichnet. Die nun wieder reichlicher zur Verfügung stehenden Mittel, vermehrt durch die Hilfe der neugegründeten „Stiftung zur Förderung der Hamburgischen Kunstsammlungen", erlaubten trotz der schnell steigenden Preise des Kunstmarktes sowohl Ergänzungen auf dem Gebiet der alten Kunst (Honthorst, Strozzi, Claude Lorrain, Canaletto, Boucher, Fragonard), des 19. Jahrhunderts (Renoir, Gauguin) sowie natürlich vor allem der neueren Malerei und Plastik, wo nun der Blick nicht mehr nur auf die Entwicklung in Deutschland gerichtet wurde.

Von 1969 bis 1990 gab Werner Hofmann der Hamburger Kunsthalle neue Impulse. In der kontinuierlich betriebenen Erweiterung der Sammlungsbestände vor allem in der zeitgenössischen Kunst wie auch bei der ständigen Präsentation der Sammlungen unter besonderen Gesichtspunkten, „Malerei in Hamburg", „Vom Bild zum Material, vom Material zum Objekt", gelang es, der Kunsthalle eine bedeutende Stellung in der deutschen Museumslandschaft zu geben. Vor allem jedoch durch die weltweit Aufsehen erregenden Ausstellungen wie der Zyklus „Kunst um 1800" – C. D. Friedrich, Runge, Goya und andere – thematische Ausstellungen wie „Eva und die Zukunft", „Schrekken und Hoffnung" oder „Europa 1789. Aufklärung – Verklärung – Verfall" und die Öffnung zu neuen Medien in Ausstellungen – Phonothek, Holographie, Einsatz von Computern in „Netzwerk" – haben die Hamburger Kunsthalle zu einem anerkannten Museum mit Weltniveau gemacht. Seit Anfang 1991 wird die Hamburger Kunsthalle von Uwe M. Schneede geleitet, der in den kommenden Jahren die Erweiterung und Renovierung des Museumsgebäudes durchführen wird.

Öffnungszeiten: Dienstag bis Sonntag 10–18 Uhr.

Das Museum für Völkerkunde

Das 1908/12 errichtete Museum für Völkerkunde (25) in barockisierender Architektur mit Innenausstattung zwischen Jugendstil und Expressionismus liegt an der Rothenbaumchaussee 64. Seit den 1840er Jahren entstand aus Geschenken von Seefahrern und Kaufleuten eine völkerkundliche Sammlung, die heute weltweite Bedeutung hat. Seit 1897 wird auch bewußt außereuropäische Kunst gesammelt, und ab 1904 finden die Kulturen Europas ihren Platz im Museum. Die Ausstellungen sind regional gegliedert, die Themenvielfalt reicht von der Lebensweise von Jägern, Sammlern und Fischern, Bauern, Hirten und Stadtbewohnern der ganzen Welt bis zur Staaten- und Kunstgeschichte. Im Hintergrund aller Abteilungen steht der Nord-Süd-Gegensatz.

Die Afrika-Abteilung enthält die Mumie des ägyptischen Priesters Chonsu-maa-cheru, eine Sammlung von Metallgüssen des Königshofes von Benin (Nigeria), Masken und Statuen aus Zentral- und Westafrika. Die Eurasien-Abteilung besitzt unter anderem eine hervorragende Sibirien-Sammlung, archäologische Skulpturen aus dem Jemen und alpenländische Masken. In der Abteilung Indonesien und Südsee sei besonders auf die Darstellung der Theaterformen von Java und Bali hingewiesen, auf das Versammlungshaus der Maori und auf die reichen Sammlerergebnisse aus der Hamburger Südsee-Expedition (1908/10), besonders im Maskensaal. Zwischen den Originalbooten in der oberen Mittelhalle lädt die Cafeteria „Zum Atoll" zum Verweilen ein.

Die Abteilung Süd- und Ostasien zeigt die Hochkulturzentren Indien und China mit ihren Einflüssen auf die benachbarten Völker und Kulturen. Eigens erwähnt seien die von F. K. Heller gestiftete Indien-Sammlung sowie ein Prachtkimono, ein Geschenk der Stadt Kyoto.

Die Abteilung Amerika enthält eine bedeutende mexikanische Skulpturensammlung sowie Goldarbeiten aus Mittel- und Südamerika. Die über 80 000 Bände der Bibliothek können von den Besuchern eingesehen werden.

Öffnungszeiten: Dienstag bis Sonntag 10–18 Uhr. Bibliothek Montag bis Donnerstag 10–12 Uhr und 13–15 Uhr, Freitag 10–12 Uhr und 13 bis 14 Uhr.

Das Museum für Hamburgische Geschichte am Wall

Das Museum für Hamburgische Geschichte (31), Holstenwall 24, ist aus der 1839 begonnenen Sammlung Hamburgischer Altertümer hervorgegangen. Seine Sammlungen betreffen Geschichte und Kultur von Stadt beziehungsweise Stadtstaat Hamburg. Im Mittelpunkt steht die topographische und wirtschaftliche Entwicklung mit Hafen, Schiffahrt, Handel, Handwerk und Gewerbe, Wohn- und Kleidungsformen, Lebensbedingungen und geistigen Strömungen.

Dazu gehört eine umfangreiche Gemäldesammlung, die vornehmlich in Bildnissen und Landschaften wie in Schilderungen aus dem Hamburger Leben kleine Meister-

Links: Als deutscher Impressionist ist Max Liebermann mit mehreren Werken in der Hamburger Kunsthalle vertreten. Für die 1889 von dem damaligen Museumsdirektor Alfred Lichtwark in Auftrag gegebene „Sammlung von Bildern aus Hamburg" malte Liebermann im Sommer 1902 das sehr lichterfüllte, stimmungsvolle Bild der „Terrasse im Restaurant Jacob in Hamburg-Nienstedten an der Elbe".

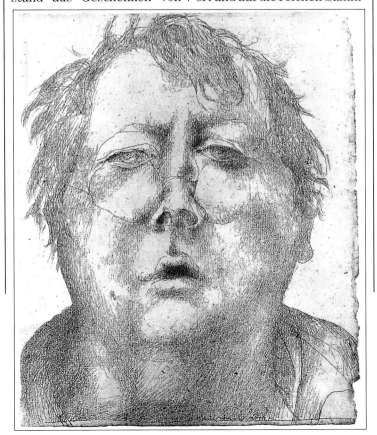

Links: Der Hamburger Horst Janssen zählt zu den bedeutendsten und produktivsten deutschen Zeichnern und Grafikern der Gegenwart. Zwei Themen bestimmen Janssens Werk und haben ihn weit über die Grenzen Deutschlands bekannt werden lassen: das Selbstbildnis und die Landschaft. Hier sein Selbstporträt von 1968, „selbstströmisch" – eine Bleistiftzeichnung aus der Hamburger Kunsthalle.

werke einheimischer oder hier wirkender Maler vom Barock bis zum 20. Jahrhundert präsentiert. Skulpturen des norddeutschen Spätmittelalters, Spitzenstücke der Gold- und Silberschmiede des Barock und des Hamburger Musikinstrumentenbaus im 17. und 18. Jahrhundert zeugen vom hohen Standard der Kunst und des Kunsthandwerks in Hamburgs Geschichte.

Öffnungszeiten: Dienstag bis Sonntag 10–18 Uhr.

Das Altonaer Museum

Das Altonaer Museum in Hamburg, Norddeutsches Landesmuseum (39), Museumstraße 23, ist ein kulturgeschichtliches Museum mit Sammlungen zu Fischerei und Schiffahrt, Kunsthandwerk, allgemeiner Kulturgeschichte, Stadtgeschichte sowie zur über Hamburg hinausgehenden Malerei und Grafik Norddeutschlands.

Die große Gemäldeabteilung umfaßt neben Darstellungen zum Volksleben Hamburgs und Schleswig-Holsteins (H. Kauffmann, J. J. und M. Gensler) vor allem norddeutsche Landschaftsbilder vom Klassizismus bis zur Gegenwart. Gemälde der Landschaften Ostholsteins, der Holsteinischen Schweiz, der Marschen, Küsten und Landstädte sowie der hamburgischen Elbgegenden passieren Revue und führen die stilistische Entwicklung und Themenvielfalt über zwei Jahrhunderte vor Augen. Die Sammlung enthält unter anderem bedeutende Werke von Ph. L. Strack, V. Ruths, L. Gurlitt, E. Heckel, K. Schmidt-Rottluff, M. Pechstein, I. Hauptmann, E. Bargheer und F. Radziwill.

In hervorragender Weise wird der Gemäldebestand durch eine äußerst umfangreiche grafische Sammlung ergänzt. Neben einer Vielzahl von Künstlergrafiken gehört dazu unter anderem auch eine der größten geschlossenen Sammlungen von Künstlerpostkarten mit dem Schwerpunkt der Brücke-Maler.

Öffnungszeiten: Dienstag bis Sonntag 10–18 Uhr.

Ernst Barlach Haus in Klein Flottbek

Der schlichte, weiße Atriumbau im Jenischpark, Baron-Voght-Straße 50a, beherbergt eine umfangreiche Sammlung von rund 120 plastischen Arbeiten, 340 Zeichnungen und einem nahezu vollständigen Bestand von druckgrafischen Blättern, die das Museum neben der Gedenkstätte in Güstrow zum wichtigsten Ziel für alle Kunstinteressierten macht, die das Schaffen Ernst Barlachs intensiv kennenlernen möchten. Das Œuvre des Künstlers (1870 bis 1938) wird über sämtliche Werkphasen in charakteristischen Arbeiten, darunter 21 Holzskulpturen, vorgestellt.

Das Museum verdankt seine Gründung der Initiative des Hamburger Fabrikanten Hermann F. Reemtsma, der 1960 eine Stiftung ins Leben rief, um seine bedeutende Privatsammlung von Arbeiten Ernst Barlachs der Öffentlichkeit zugänglich zu machen. Seit Eröffnung des Hauses im Jahre 1962 hat sich der Sammlungs-Bestand mehr als verdoppelt; jedes Jahr kommen wichtige Neuerwerbungen hinzu. Die kontinuierliche Sammlungstätigkeit, die wechselnde Präsentation von Zeichnungen und Druckgrafik sowie regelmäßige Sonderausstellungen sorgen dafür, daß das Museum lebendig bleibt.

Öffnungszeiten: Dienstag bis Sonntag 11–17 Uhr.

Die Ausbildung des populären in Wedel bei Hamburg geborenen Künstlers Ernst Barlach (1870 bis 1938) begann in Hamburg und führte über Dresden nach Paris. Das Werk des expressionistischen Bildhauers ist von seiner tiefen Religiosität, seiner menschlich und sozial verständnisvollen Haltung geprägt. 1930/35 entstand der „Fries der Lauschenden" aus dem Ernst Barlach Haus im Jenischpark.

Rechts: Hermann Kauffmann (1808 bis 1889) war einer der führenden Maler der Hamburger Schule, die sich zwischen 1830 und 1850 der realistischen Darstellung von Menschen und Landschaften Norddeutschlands widmete. Als Schilderer des ländlichen Volkslebens war er schon zu Lebzeiten weit über Hamburg hinaus hoch geschätzt. Um 1850 malte er die „Landleute von den Elbinseln auf der zugefrorenen Oberelbe" aus dem Altonaer Museum.

Eine Vorstellung vom Interieur eines Hamburger Kaufmannshauses um 1680 gibt dieser Saal aus dem Haus Deichstraße 53, der heute im Museum für Hamburgische Geschichte zu bewundern ist.

Das Helms-Museum in Harburg

Das Hamburger Museum für Archäologie und die Geschichte Harburgs Helms-Museum, Museumsplatz 2, 2100 Hamburg 90, ist traditionell als Heimatmuseum für Harburg entstanden, seit 1930 aber in wachsendem Maße der Vorgeschichte der südelbischen Region verpflichtet. Neuerdings betreut es aber auch die Hamburger Bodendenkmalpflege. Eine Neustrukturierung erfordert umfassende Umbauten und räumliche Erweiterung, weshalb zur Zeit (Januar 1991) nur Teilbereiche zugänglich sind.

Im Haupthaus finden nach dem Umbau 1991 Wechselausstellungen zu allen Themenbereichen aus dem Sammlungsgebiet des Museums statt sowie Gastausstellungen, die vor allem hier fremde Kulturen darstellen werden. Die archäologische Dauerausstellung soll nach 1992 neue Räumlichkeiten erhalten.

So wird man vorerst dem Museum in seinem Ausstellungsgebäude in der ehemaligen Feuerwache an der Hauptstraße 30–32 begegnen. Dort werden in Auswahl die reichhaltigen Bestände der Volkskunde und die Geschichte Harburgs von der Residenzstadt zum Industrieort präsentiert.

Öffnungszeiten: Dienstag bis Sonntag 10–17 Uhr.

Kunsthandwerk in Hamburg

Anstecknadel aus Gold und Silber mit Opal von Hilde Leiss

Schreibgerät aus kostbarem Holz von Stefan Fink

Mehr als 75 Kunsthandwerker sind in allen Stadtteilen Hamburgs mit Werkstätten und Ausstellungen präsent. Sie haben in der Handels- und Wirtschaftsmetropole von jeher einen geachteten Platz. Die Traditionen des Kunsthandwerks reichen zurück ins 16. Jahrhundert. Eines der berühmtesten Produkte, das Hamburger Ratssilber, kann man heute allerdings nur in Moskau bestaunen. Der weise Rat verkaufte es in schlechten Zeiten.

Erzeugnisse der Gegenwart sind in überregionalen Ausstellungen und Museen überproportional vertreten. Die Jahresmesse der Kunsthandwerker im Museum für Kunst und Gewerbe in der ersten Dezemberhälfte und Präsentationen in Galerien und Werkstätten finden großen Zuspruch auch bei Besuchern und Sammlern von außerhalb.

Der Tradition im norddeutschen Raum verpflichtet, zeugen heute neue handwerklich solide Arbeiten von Sinnenfreude und Spontaneität des kreativen Nachwuchses. Im Spannungsfeld von freier Kunst und Design hat das Kunsthandwerk seinen Platz behaupten können. Seine Erzeugnisse als Alternative zum Massenkonsum sind zunehmend gefragt. Die Preise für die kleinen oder großen Kostbarkeiten sind dem handwerklichen Aufwand angemessen; es gibt auch für den kleinen Geldbeutel Erschwingliches.

Kunsthandwerker arbeiten in Hamburg in den Bereichen Keramik, Glas- und Textilkunst, der Buchbinderei und der Metallarbeiten, als Drechsler und Möbelkünstler; zahlenmäßig besonders stark finden wir Silber- und Goldschmiede.

In der Langen Reihe 82a, nahe dem Hauptbahnhof, Telefon 24 02 17, hat sich **Jan Bierschenk** mit Werkstatt und Galerie niedergelassen. Der gelernte Gold- und Silberschmied bevorzugt Edelstahl und Plexiglas neben dem traditionellen Material für seine heiteren Schmuckarbeiten. Geometrische Formen dominieren. Harmonie entsteht in der Ausgewogenheit von runden und eckigen Formen. Bestechend in der Wirkung sind seine Stahlringe ohne Schnörkel. Viermal im Jahr zeigt Bierschenk auch Arbeiten befreundeter Kunsthandwerker von außerhalb. Dabei gibt es für ihn keine Distanz zum Design. Allein die Qualität ist Maßstab.

Einige Schritte weiter steht das Kunsthandwerkerhaus, Koppel 66. Die ehemalige Schraubenfabrik ist sorgfältig restauriert und heute Domizil verschiedener Kunsthandwerker. **Verena Wriedt**, Telefon 24 52 01, produziert exzellente Möbelstücke aus edlen Hölzern, die Bildweberin **Reinhilde Seeberger**, Telefon 24 64 69, arbeitet am Webstuhl, und **Beatrice Polter**, Telefon 24 64 68, fertigt Gold- und Silberarbeiten. Seit 1978 beteiligt sich Beatrice Polter an Ausstellungen, darunter in Japan und den USA. Eine Spezialität ist die Verarbeitung von Stahl in Kombination mit Silber zu recht markantem Schmuck. In den Vitrinen sind Silberschalen und anderes Kleingerät zu bestaunen.

Von der Langen Reihe biegt die Danziger Straße ab. Im Haus Nr. 40 zeigt **Andrea Weber**, Telefon 24 38 98, Nachwuchskeramiker aus nah und fern. Neue Freunde für eigenwillig in Farbe und Form gestaltete Gefäßkeramik geben sich hier ein Stelldichein. Es sind auch Objekte und figürliche Arbeiten in lebhaften Farben zu bestaunen, wo sich die vermeintlichen Grenzen zwischen angewandter und bildender Kunst verwischen.

Ebenfalls nicht weit vom Hauptbahnhof, am Högerdamm 25, Telefon 23 19 85, kann man **Stefan Fink** aufsuchen. Sein Thema ist das Holz. Der junge Drechsler und Holzkünstler zeigt hohe Sensibilität beim Umgang mit kostbaren Hölzern. Jedes seiner Schreibwerkzeuge ist ein Unikat mit Geschichte, Holzgeschichte, Naturgeschichte. Maserungen und Färbungen seiner Schreibgeräte entfalten sich im Vorgang der Bearbeitung. Es stimmt alles. Kraftvoller Kopfschmuck und Anstecknadeln aus verschiedenen Hölzern gehören ebenfalls zur Kollektion.

In der westlichen Innenstadt, Großer Burstah 36–38, Telefon 36 55 74, hat **Hilde Leiss** ihre Werkstatt und Galerie für Schmuck. „In unserer Werkstatt werden Einzelstücke angefertigt, die sich durch einen klaren Bruch von der traditionellen Schmuckgestaltung unterscheiden." Neben Gold und Silber werden Glas, Kieselsteine, Hölzer, Titan und Eisen verarbeitet. Junger Schmuck für junge Leute neben kostbaren Stücken in eigenwilligen Formen. Außerdem veranstaltet die Kunsthandwerkerin zwei Sonderausstellungen im Jahr mit internationalen Schmuckgestaltern.

In der Pastorenstraße 16, Telefon 37 18 26, am „Michel", hat **Ingrid Kündel** ihr Leuchtenatelier mit Ausstellungsraum. Seit dreißig Jahren entstehen unter ihren kundigen Händen Leuchten von erlesener Harmonie. Die Füße für die anheimelnden Lichtträger läßt Frau Kündel nach ihren Angaben aus Glas oder Keramik anfertigen. Dann komponiert sie in sorgfältiger Abstimmung der Proportionen Lampenschirme mit Seidenmalerei. Über den Zweck hinaus hat hier jede Leuchte den Anspruch des Besonderen, stellt ein wertvolles künstlerisches Unikat vor.

In Altona, am Beginn der Elbchaussee, Hausnummer 31, dem Heine-Haus, Telefon 3 90 30 11, hat die **Galerie L** einen „gediegenen" Platz (Abbildung Seite 58). Seit 1971 zeigt hier Gräfin Charlotte von Finckenstein im monatlichen Wechsel zeitgenössische Glaskunst und Keramik von internationalem Rang. Ein interessanter und beliebter Treffpunkt für Freunde und Sammler von Graden.

Ganz links: Lampen für alle Wohnbereiche vom Entwurf bis zur Fertigung bietet das Leuchtenatelier von Ingrid Kündel.
Links: Das Werk von Beatrice Polter ist dieses Stövchen mit einem Butterpfännchen aus Stirling-Silber und Griffen aus Mosaikglas sowie einer Deckplatte aus eingefärbtem Eisen.

Sehr repräsentativ sind die Entrees der Wohnbauten zur Gründerzeit. Das Haus Königstraße 30 stand einst im Herzen der seit 1867 preußischen Stadt Altona direkt neben dem im Krieg zerstörten Stadttheater. Als großbürgerliches Wohnhaus erhielt es ein seiner hervorgehobenen Lage entsprechendes, besonders qualitätvoll ausgestattetes Eingangsvestibül. Die Dekorationsmalerei variiert frei Renaissance-Motive.

Es ist heute gewöhnlicher Sprachgebrauch, die Entwicklung des großstädtischen Wohnungsbaus in dem Zeitabschnitt zwischen der Gründung des Deutschen Reichs, 1871, und dem Beginn des Ersten Weltkriegs, 1914, mit dem Begriff „gründerzeitlich" zu belegen. Im engeren historischen Sinn hat man unter den Gründerjahren die Zeit der ersten Jahre nach dem Deutsch-Französischen Krieg zu verstehen, als die in Milliardenhöhe zu leistenden Reparationszahlungen der Franzosen im neu gegründeten Deutschen Reich vielfach zu ungesunden Spekulationen und zahlreichen nachfolgenden wirtschaftlichen Zusammenbrüchen führten.

In diesem eher negativen Sinn hat man lange Zeit die in der zweiten Hälfte des 19. Jahrhunderts in fast allen europäischen Großstädten infolge der Industrialisierung und der explosionsartig gestiegenen Bevölkerung entstandenen typischen Stadterweiterungsgebiete mit ihrer historische Baustile kopierenden Mietshausarchitektur gesehen.

Auch Hamburg hatte im 19. Jahrhundert eine rasante Entwicklung zum Welthandelsplatz erlebt. Mit dem Einschluß der Elbmetropole in das Zollgebiet des Deutschen Reichs 1888 und der gleichzeitigen Eröffnung des Freihafens entwickelte sich die Hansestadt wirtschaftspolitisch für Deutschland zum Tor zur Welt. Die ständig steigende Wirtschaftskraft übte eine ungeheure Anziehungskraft aus: Die Einwohnerzahl der Hansestadt vervierfachte sich in knapp 60 Jahren zwischen 1840 und 1900 von 190 000 auf rund 780 000.

Es ist fast selbstverständlich, daß die Stadt infolge dieser Entwicklung ihr Aussehen vollständig veränderte. Der Stadtkern innerhalb des historischen Wallrings entwickelt sich zur City eines Welthandelsplatzes. Die Speicherstadt – Herz des Freihafens – verdrängt ein barockes Kaufmannsviertel, Kontor- und Warenhäuser entstehen anstelle der für Hamburgs Altstadt typischen bevölkerungsreichen Gängeviertel.

Neben den beiden traditionellen Vorstädten St. Georg und St. Pauli entsteht nun vor den Toren der Stadt ein dichter Ring neuer Stadtteile. Der ungeheure Wohnungsbedarf quer durch alle sozialen Schichten führt zu boomhaften Entwicklungen des spekulativen Mietwohnungsbaus. Die zumeist noch ländlich strukturierten Vorstadtgebiete werden planmäßig erschlossen. Auf blockweise ausgewiesenen Bebauungsgebieten werden in geschlossener Bauweise mehrgeschossige Wohnungsbauten errichtet.

So bilden sich Stadtteile mit einer enorm hohen baulichen Nutzung auf engstem Raum. Diese hohe Ausnutzung von Grund und Boden wird noch gesteigert durch eine hamburgspezifische Form der Hinterhäuser. Diese werden hinter den straßenparallelen Vorderhäusern als langgestreckte Terrassenhäuser errichtet, die zwischen sich schmale Wohnhöfe ausbilden. Ein Beispiel ist der Rotherbaumweg zwischen Rothenbaumchaussee 71/73 und Schlüterstraße 60.

Diese wegen ihrer kargen Ausstattung häufig als Mietskasernen bezeichneten Wohnanlagen finden besondere Verbreitung in den klassischen Arbeiterquartieren wie Hammerbrook, Barmbek, St. Pauli und Eimsbüttel. Im starken Wirkungskontrast dazu entstehen die sich in den Landschaftsraum der Außenalster einfügenden, weitgehend großbürgerlich geprägten Stadtteile wie Winterhude, Harvestehude und Eppendorf.

Die ständig das Angebot übertreffende Nachfrage läßt die Wohnung zur Ware werden. Auf schnellen Gewinn spekulierende Bauherren machen den Mietwohnungsbau zur Konfektionsware. Je nach sozialem Stand und Anspruch erhält diese Architektur ihr Gesicht, das geprägt wird vom Stilpluralismus jener Jahrzehnte, in denen sich die Architekten in reproduzierender Weise mit den verschiedenen Baustilen früherer Kunstepochen auseinandersetzten.

Für den konfektionierten Etagenwohnungsbau zeichnet nur noch in seltenen Ausnahmen der entwerfende Architekt verantwortlich. An seine Stelle tritt jetzt häufig der ein Baugeschäft betreibende Maurermeister, der den Fassadenaufriß aus dem unerschöpflichen Katalog historischer Baustile zusammenstellt. Die mehrgeschossigen Wohnanlagen erhalten zur Straße hin in der Regel geputzte Fassaden, bisweilen mit Ziegelmauerwerk kombiniert.

Feudale Wohnkultur in der Gründerzeit

Mit Hilfe von Gußformen und Schablonen wird der Zementstuck in jede beliebige Form gepreßt. Dem enormen Bauvolumen entsprechend, handelt es sich oft bereits um industriell in Serie gefertigte Architektur- und Schmuckformen. Ob gequaderte Eckrustizierungen, ausladende Balkone oder Loggien, tragende Atlanten- beziehungsweise Karyatidenfiguren, ob gedrehte Baluster in Balkonbrüstungen oder Fensterüberdachungen mit profiliertem Renaissance-Architrav oder barockem Sprenggiebel, ob säulen- oder pilastergetragene Geschoßgliederungen – es entwickelt sich eine Entwurfsarchitektur von der Stange.

Es waren diese Merkmale einer weitgehend standardisierten Architektur, die zudem noch in der hitzigen Atmosphäre einer expansiven, spekulativen Baukonjunktur entstand, die das Attribut „gründerzeitlich" für den gesamten, bis zum Ersten Weltkrieg währenden Mietwohnungsbau gerechtfertigt scheinen läßt. So verband sich mit diesem Attribut zunächst eine grundsätzlich negative Wertschätzung, die neben dem Fehlen jeder individuellen baukünstlerischen Leistung fast automatisch auch pauschal den Verlust städtebaulicher Leistungen in dieser Epoche beklagte.

Zwischen Ablehnung und Wertschätzung

Hatten sich schon so frühe künstlerische Reformbewegungen wie der Jugendstil strikt gegen jede Form der Reproduktion historischer Baustile gewandt, so geriet das gründerzeitliche Bauen angesichts der Reformbestrebungen des „Neuen Bauens" in den zwanziger Jahren und der von ihr propagierten Ideale der Funktionsgerechtigkeit vollends ins Abseits. Dieses Negativ-Image setzte sich nahtlos bis in die fünfziger und sechziger Jahre fort. Den gründerzeitlichen Fassaden, womöglich in der Reihung einer geschlossenen Blockrandbebauung, wurde jeder architektonische und städtebauliche Wert abgesprochen. In den überreichen, die gesamte Stilgeschichte des Bauens widerspiegelnden Putzfassaden erblickte man hohlen gründerzeitlichen Pomp oder überzogenes kaiserzeitliches Repräsentationsbedürfnis.

Erst die massive Kritik an den Auswüchsen des Städtebaus der Nachkriegszeit mit ihrem bedingungslosen Bekenntnis zur autogerechten Stadt und den zahlreichen lieblos hochgezogenen Trabantenstädten in Betonfertigbauweise führte zu einer Rückbesinnung und neuen Wertschätzung dieser Architektur. „Haus für Haus stirbt dein Zuhause" – mit diesem Schlagwort und dem Bild eines gründerzeitlichen Fassadenensembles warben Denkmalpfleger aus der Bundesrepublik im europaweiten

Der Stadtteil Harvestehude war und ist eine der besten Adressen in Hamburg. Nahe zur Innenstadt und zur Alster gelegen, dazu mit seinen Alleebäumen und Vorgärten sehr grün, ist es eines der vornehmsten Stadterweiterungsgebiete. Liebevoll renoviert, gehören die Fassaden seiner hundertjährigen Wohnhäuser heute zum Schmuck der Stadt. Hier als Beispiel die Fassade des Hauses Isestraße 117.

Rechts: Östlich von Außenalster und altem Wallring liegt der Stadtteil St. Georg. Vom Zweiten Weltkrieg schwer getroffen, ist das wiederauf- und neugebaute Stadtbild hier sehr gemischt. Im Haus Lange Reihe 65 jedoch hat sich das Beispiel eines auffälligen Gründerzeitbaus erhalten: Sein Gesims scheint von Atlanten getragen zu werden.

Denkmalschutzjahr 1975 für die Erhaltung gewachsener, gründerzeitlicher Wohnquartiere.

Schon in den Jahren zuvor ließ sich in einer Stadt wie Hamburg die Beobachtung machen, daß über die Initiative einzelner Hausbesitzer gründerzeitliche Fassaden mit ihrem reichen Schmuck wieder in den Blickpunkt gerieten. Mit der farbigen Hervorhebung und Betonung ihrer architektonischen Gliederungen und ihres vielfältigen Bauschmucks zeigten diese Häuser plötzlich wieder Gestaltwerte, die eine auf Sichtbeton und Fertigbauweise fixierte Architektur ihren Betrachtern nicht bieten konnte.

Einzigartiges Wohngebiet des 19. Jahrhunderts

Die hansestädtischen Denkmalpfleger erklärten in dieser Zeit den Stadtteil Harvestehude-Rotherbaum zu einem in Deutschland einzigartigen Stadterweiterungsgebiet des 19. Jahrhunderts. Es sei entstanden durch vorsichtige und durchdacht geplante öffentliche Straßenanlagen der Gründerzeit, aber auch durch städtebauliche Privatspekulation größten Stils. Noch wenige Jahre zuvor als phantasielose wilhelminische Pracht verteufelt, werden jetzt die gründerzeitlichen Miethausensembles als eines der wertvollsten Wohngebiete des innerstädtischen Bereichs hochgelobt: „citynah und voll reizvoller städtebaulicher Situationen, überreich an Fassaden des 19. Jahrhunderts."

Phantasie und Gestaltungsfreude bestimmen auch die Fassaden der herrschaftlichen Etagenhäuser aus der Gründerzeit nördlich des Innocentiaparks. Hier die Front des Hauses Jungfrauenthal 28 in Harvestehude.

Hochherrschaftliche Wohnungen

Das ehemalige Klosterland Harvestehude, eingebettet in den Landschaftsraum des westlichen Ufers der Alster, entwickelte sich in der zweiten Hälfte des 19. Jahrhunderts zu einem hervorragenden Wohnstandort des Großbürgertums. Neben den repräsentativen Villenbauten längs der Außenalster-Uferpromenade entstehen geschlossene Wohngebiete mit mehrgeschossigen Etagenhäusern, die ein Höchstmaß äußerer Schmuckfreude aufweisen.

Ob an der Moorweide, längs des Isebekkanals oder an der Rothenbaumchaussee, hier werden hochherrschaftliche Etagenhäuser mit Wohnungen von rund 200 bis 250 Quadratmetern für Familien, die ihren großbürgerlichen Haushalt mit mehreren Hausangestellten führen, ge-

Typisch ist dieses Vestibül eines großbürgerlichen Mietshauses in Eppendorf vom Beginn des 20. Jahrhunderts auch durch die vorsichtige Übernahme von Jugendstilornamentik (Eppendorfer Baum 8). Charakteristisch sind die liebevolle Verzierung des Fahrstuhls sowie die – nicht im Bild zu sehen – beidseitig angebrachten großen Spiegel.

baut. In einem Verkaufsprospekt zum Neubau eines Etagenhauses an der Moorweide heißt es 1895: „Das noch im Bau befindliche Wohnhaus enthält acht herrschaftliche Wohnungen von je sieben bis zehn Zimmern. Die innere Ausstattung ist den modernen Ansprüchen entsprechend in solider und eleganter Weise ausgeführt."

Repräsentativ: die großen Räume

Selbstverständlich gehört zu einer Wohnung dieses Zuschnitts eine Enfilade ineinander übergehender, mit großen Schiebetüren miteinander verbundener Salons, die zusammen mit einem Saalraum eine repräsentative Raumfolge bilden. Die hohen Räume werden mit reich dekorierten Stuckdecken geschmückt, die zu dieser Zeit in jeder Stilform, ob Neorenaissance, Neubarock oder zweites Rokoko, bereits industriell gefertigt und in Versatzbauweise seriell eingebaut werden.

Diese Wohnhäuser dokumentieren außen wie innen das neu gewachsene Selbstbewußtsein eines wirtschaftlich und politisch aufstrebenden Bürgertums, dessen Stellung mit Hilfe der aufwendigen, an historischen Vorbildern orierentierten kunsthandwerklichen Ausstattung angemessen zum Ausdruck gebracht werden soll.

Sehr anspruchsvolle Treppenhäuser

Paradebeispiele dieses auf gesellschaftliche Reputation bedachten Anspruchs bilden die Entrees und Treppenhäuser. In der Regel fällt in Etagenhäusern dieses Zuschnitts das Licht durch ein Glasdach ein und wird über ein großzügig dimensioniertes Treppenauge bis zum Erdgeschoß hinabgeführt. Eine breite, oft von einem säulengetragenen Portal gerahmte Eingangstür und farbig verglaste Treppenhausfenster bilden zusätzliche Lichtquellen für das aufwendig ausgestattete Treppenhaus im Zentrum und dessen Vestibül. Dieses natürliche Licht bringt die schmuckreiche Ausstattung des halböffentlichen Bereichs zwischen Straße und abgeschlossener Wohnung zur rechten Wirkung.

Bei der kunsthandwerklichen Ausstattung gründerzeitlicher Bauten bedient man sich häufig naturimitierender Techniken wie Stuckmarmor, Stuckolustro oder Holzmaserierungen vortäuschenden Anstrichen. Die farbige Gestaltung erhöht durch schablonierte Dekorationsmalerei und ornamentierte Begleitbänder sowie in besonderen Fällen Wand- und Deckengemälden den repräsentativen Gesamteindruck dieser Treppenhäuser. Weitere sorgfältig gestaltete Ausstattungsdetails, wie die Geländerstäbe, die Antrittspfosten, die Form der Handläufe, Bleiverglasung, geätztes oder geschliffenes Glas, aufwendige Beleuchtungskörper und Skulpturen, runden dieses Bild einer großbürgerlich geprägten Wohnkultur ab.

Der historische Bestand schöner Treppenhäuser war und ist in vielfacher Hinsicht gefährdet. Gestalt und Aussehen dieser historisch wertvollen Bausubstanz wurde häufig unter geschmacklichen und modischen Voraussetzungen einschneidend verändert. Nicht selten finden sich hervorragend ausgemalte Hauseingänge, deren farbige und ornamentale Pracht aus der Zeit der Jahrhundertwende unter der dikken Schicht nachträglicher Anstriche verschwunden ist.

Auch kleinbürgerliche Häuser bemühten sich zur Gründerzeit um eine repräsentative Ausgestaltung ihrer öffentlichen Eingangsbereiche. Dafür liefert das um 1890 in Wandsbek errichtete Mietshaus Lengerckestraße 27 ein gutes, häufiger auftretendes Beispiel. In dem relativ engen Eingang sind über einem hohen Sockel die Wände mit Landschaftsmalereien versehen.

Es sind dann Restauratoren, die sich mit Lösemittel, Wattebausch und Skalpell auf die Spuren der Ausstattungsgeschichte begeben. Es ist immer wieder erstaunlich, von welcher Frische und handwerklicher Qualität die reichen ornamentalen Dekorationsmalereien zeugen, wenn sie von den vielen nachträglichen Übermalungen freigeschält werden. Diese Malereien, die in unbekümmerter Weise stilistische und motivliche Anregungen früherer Kunstepochen aufnehmen und verarbeiten, waren in unserer Vätergeneration geschmacklich in Ungnade gefallen. So verschwanden diese reichen dekorativen Ausstattungen häufig schon in den zwanziger Jahren unter einem ersten deckenden weißen Anstrich. Erst unsere Generation sieht sich in der Lage, diesen Ausstattungsformen vorurteilsfrei entgegenzutreten und ihren kunsthandwerklichen Wert einzuschätzen. Beim Betrachten dieser Dekorationsmalereien wird einem schmerzlich bewußt, welche handwerklichen Fähigkeiten in unserer auf industrielle Fertigung und Baumärkte orientierten Zeit verlorengegangen sind.

So gehörte eine illusionistische Dekorationsmalerei offenbar zum festen Repertoire eines Malereibetriebes des späten 19. Jahrhunderts. Ein Malerlehrling konnte im Winter abends vierstündige Kurse in der städtischen Gewerbeschule besuchen, in denen Zeichnen nach Gips und nach Holzkörpern, Schattenkonstruktion und die Anfänge der Perspektive gelehrt wurden. Somit geben die Eingangsbereiche gründerzeitlicher Mietshäuser mit ihrer ursprünglichen dekorativen Ausstattung nicht nur einen tiefen Einblick in die Kulturgeschichte bürgerlichen Wohnens in der Zeit bis zum Ersten Weltkrieg, sondern sie vermitteln auch Erkenntnisse über handwerkliche Fähigkeiten, wie sie heute auch nur ansatzweise undenkbar sind.

Luxuswohnungen kontra Hinterhäuser

Man kann sich wohl kaum einen größeren Kontrast vorstellen, als zwischen diesem rund um die Außenalster üblichen, gutbürgerlichen Wohnstandard mit Etagenhäusern, der von „Annehmlichkeiten einer gesunden und freien Lage in vornehmen und ruhigen Straßen" geprägt ist, und einem dicht bebauten Arbeiterwohnquartier derselben Zeit mit den für Hamburg typischen, in Form von Terrassen errichteten Hinterhäusern. Hier fanden die für die prosperierende Wirtschaft, insbesondere für hafenbezogene Industriebetriebe, benötigten Arbeitskräfte mit ihren Familien eine Bleibe.

Der großbürgerlichen Zehn-Zimmer-Wohnung mit Herrenzimmer, Salon, Wintergarten und Mädchenzimmer steht die typische Zwei- bis Drei-Zimmer-Wohnung mit winziger Küche und ohne Bad gegenüber, die sich zumeist eine vielköpfige, kinderreiche Familie teilen mußte. Es ist klar, daß der explosionsartige Bevölke-

1911 errichtete der Schwanenapotheker in der Dammtorstraße 27 in den Formen des Heimatstils ein großes Apotheker- und Ärztehaus. Der Eingangsbereich wurde seiner Funktion entsprechend mit weißen Fliesen in Formen des späten Jugendstils und mit naturalistischen Fliesenbildern ausgestattet. Von letzteren zeigt eines die Schwanenapotheke am Dammtor um 1850 (Großaufnahme siehe Seite 4/5).

Heute in Hamburgs Museum für Kunst und Gewerbe zu bewundern ist die Innendekoration des Festsaals des ehemaligen Budge-Palais am Harvestehuder Weg 12. In ihren Klassizismus- und Rokokoformen war diese 1909 für die damals größte Villa an der Alster entstanden. Der „Palast" des Bankiers Henry Budge beherbergt heute die Hochschule für Musik und darstellende Kunst mit Zugang in Pöseldorf.

rungsanstieg fast zwangsläufig zu erheblichen sozialen Spannungen führen mußte. In den im Stadtkern noch verbliebenen, hoffnungslos übervölkerten Gängevierteln – vier- bis fünfgeschossige Fachwerkbauten, aus deren oberen Stockwerken man sich über die Straße hinweg fast die Hand reichen konnte – herrschten unvorstellbare hygienische Zustände. Sie hatten 1892 zu einer verheerenden Cholera-Epidemie geführt.

Unbezahlbare Mieten – kein neues Problem

Ständig teurer werdende Lebensmittel und steigende Mieten brachten vor allem die Arbeiter und ihre Familien an den Rand des Existenzminimums. So traten – auch aus Protest gegen ausbeuterische Arbeitsbedingungen – im Dezember 1896 die Hafenarbeiter in einen neunundsiebzig Tage dauernden Streik, an dem sich zeitweilig über 16 000 Arbeiter beteiligten.

Die Cholera-Epidemie und die Furcht vor Wiederholungen führten dazu, daß sich die wohlhabenderen Bevölkerungsschichten mit ihren Wohnungen noch weiter aus dem Kernbereich der Innenstadt zurückzogen. Jetzt entstanden in den weiter außerhalb gelegenen Stadtteilen Villenviertel: „Hier im Villenviertel darf nur landhausmäßig gebaut werden. Hier liegen zahllose, teils einfache, teils prunkvolle Villen mit hübschen wohlgepflegten Vor- und Hintergärten an regelmäßigen mit Bäumen bepflanzten, gepflasterten und kanalisierten Straßen. Für diesen Stadtteil ist jeder Gewerbebetrieb verboten. Jeder Bewohner kann sich hier ganz der Ruhe hingeben, durch keinen Lärm, wie es das Erwerbsleben mit sich bringt, gestört." So werden 1904 die Vorzüge des noch im Wachsen befindlichen Villenviertels in Hamburg-Bergedorf gepriesen.

Rückzug der wohlhabenden Bürger in die Villenviertel

Wohlhabende Bürger, neu angesiedelte Unternehmer und ihre leitenden Angestellten bilden die Bewohnerschaft dieser Villenviertel, wie sie jetzt gleichzeitig auch im Westen Hamburgs, in Othmarschen und Nienstedten, und im Osten längs des Alstertals entstehen. Es liegt auf der Hand, daß nicht der Hinterhof mit seiner schlecht belichteten und belüfteten, eng stehenden Terrassenbebauung der Standort für die Pflege einer besonderen Wohnkultur sein konnte.

Die Vorstellung gründerzeitlichen Wohnens wird fast immer vermittelt über Bilder und Ausschnitte großbürgerlichen Lebens in einem von üppiger Vielfalt bestimmten Ambiente. Schwere, geraffte Vorhänge und dunkle, geprägte Tapeten sorgen für gedämpftes Licht. Der Konzertflügel für die festliche Soirée im Salon zählt ebenso zu den Stereotypen dieser Einrichtung wie das mächtige, dunkel gebeizte Bufet oder die großen exotischen Kübelpflanzen. Die Möbel zeigen in ihrer formalen Ausbildung die gleiche Tendenz wie die sie umgebende Architektur.

Möbel und Dekoration in allen Stilen

In rascher zeitlicher Folge und vielfach nebeneinander werden alle historischen Möbelstile von der Gotik bis zum Rokoko kopiert und den bürgerlichen Lebensverhältnissen angepaßt. Die zunehmende industrielle Fertigung der Möbel führt zu hohen Stückzahlen; die historischen Ornamente können dank einer weitgehenden Mechanisierung durch maschinellen Einsatz in jeder beliebigen Kombination eingesetzt werden. Gerade diese mechanischen, seriellen Massenproduktionen mit der maschinellen Herstellung von Renaissance- oder Rokoko-Ornamenten sollten als kritische Reaktion die kunstgewerbliche Reformbewegung des Jugendstils hervorrufen, der sich ja vor allem mit seiner neuen pflanzlich-vegetabilen Ornamentik gegen die phantasielose Reproduktion historischer Stile wandte.

Der für festliche Anlässe oder Familienfeiern vorgesehene Salon oder Festsaal gehört zum Standard der gründerzeitlichen Wohnung und verkörpert eindrucksvoll das gewachsene Selbstbewußtsein des großstädtischen Bürgertums. Die häufig besonders reich ausgestatteten Räume spiegeln mit ihrem schweren Stuckdecken, Deckengemälden, Marmorkaminen, Stuckmarmorsäulen, verspiegelten Wandflächen und Intarsienparkett-Fußböden die Repräsentationslust ihrer Bewohner wider.

Sie bedient sich dabei ganz bewußt des eklektizistischen Rückgriffs auf historische Vorbilder, insbesondere der barocken Schloßbaukunst.

Wie auch am absolutistischen Hof wird der Festraum als repräsentative Hülle einer festlich gestimmten Gesellschaft inszeniert. Die prunkvolle Raumausstattung will nicht beunruhigen, sondern im Gegenteil den schönen Schein großbürgerlicher Konvention wahren.

Das heutige Literaturhaus am Schwanenwik 38 in Uhlenhorst ist das Musterbeispiel großbürgerlichen Wohnens zur Gründerzeit. Nach Besitzerwechsel ließ der neue Eigentümer 1890 auf der Rückseite des Hauses für Festlichkeiten einen Gartensaal anfügen. Mit dem großen Elfenreigen-Deckenbild, den vergoldeten Gesimsen und marmorierten Pilastern zeugt er von der einstigen Repräsentationslust der Hanseaten.

Personenregister

Ansgar, Erzbischof 14, 18
Barlach, Ernst 15, 61, 82, 86
Bassewitz, Horst-Barthold von 27
Baur, Georg Friedrich 35, 63
Begas, Reinhold 54
Behrens, Peter 82
Bezelin-Alebrand, Erzbischof 4, 14
Bierschenk, Jan 88
Blacker, John 56, 59, 63
Bonnard, Pierre 46, 84
Bornemann, Hans 12, 13
Boucher, François 85
Börner, Carl 30
Brandt, Wilhelm 58, 59
Brinckmann, Justus 29, 80, 81, 82
Bugrov, Valerij 47
Canaletto 85
Chateauneuf, Alexis de 7, 13, 14, 15, 27
Claudel, Camille 31
Cordes, Wilhelm 54, 55
Corinth, Lovis 83
Courbet, Gustave 84
Dedeke, Wilm 12
Dehmel, Nikolaus 69
Dehmel, Richard 35
Dietrich, Horst 27
Distel, Hermann 19
Dose, Cai 34
Eberlein, Gustav 35
Endresen, Ludwig 48
Erbe, Alfred 42
Erhard, Gregor 81
Fellner, Ferdinand 29
Fersenfeldt, Hermann Peter 13
Fink, Stefan 88
Forsmann, Franz Gustav 27, 61
Fragonard, Jean-Honoré 85
Friedrich Barbarossa, Kaiser 4
Friedrich, Caspar David 83, 85
Gallé, Emile 82
Gauguin, Paul 82, 85
Gaul, August 10, 53
Geißler, Hermann 55
Gensler, M. 86
Gensler, W. 13
Gerkan, Marg & Partner 26
Gerson, Hans 9, 19
Gerson, Oskar 9, 19
Goya, Francisco José de 85
Grell, Henry 13
Grotjan, Johannes 74
Günther, Mathias 82
Hagenbeck, Carl 55
Hajek, Otto Herbert 32
Haller, Martin 8, 15, 17, 19, 23, 38, 44, 46, 50, 55
Hansen, Bernhard 17
Hansen, Christian Frederik 35, 56, 58, 60, 61, 62, 63
Hansen, Johann Matthias 35, 63
Harsdorff, Caspar Frederik 63
Hauptmann, I. 86
Haussmann, Robert 26
Haussmann, Trixi 26
Hebebrand, Werner 55
Heckel, Erich 86
Hehl, Christoph 65, 66
Heine, Heinrich 7, 15, 58, 59
Heine, Salomon 34, 58, 59
Heise, Carl Georg 84, 85
Hellmer, Hermann 29
Hentrich, Helmut 33
Hentzen, Alfred 85
Hoentschel, Georges 82
Hofmann, Werner 85
Houdon, François 82
Höger, Fritz 9, 10, 13, 19
Hrdlicka, Alfred 8, 30, 31
Hupertz, Stefan 27
Jacobsen, Arne 54
Jacobssen, Franz 33
Janssen, Horst 85
Jenisch, Martin Johann 57, 60, 61
Jolasse, Jean David 47, 48
Kahl, Werner 48
Kallmorgen, Werner 61
Kauffmann, Hermann 86
Kändler, Johann Joachim 82
Kern, Leonhard 82
Klees-Wülbern, Johann Heinrich 34
Kloos, Werner 84
Klopstock, Friedrich Gottlieb 58, 61
Kokoschka, Oskar 19, 84
Kolbe, Georg 52, 54
Körber, Kurt A. 38
Kuöhl, Richard 8, 25, 31, 34, 49, 53, 55, 73
Kündel, Ingrid 88
Laeisz, Carl Heinrich 28, 32
Laeisz, Ferdinand 17
Lalique, René 83
Lederer, Hugo 15
Leibl, Wilhelm 83
Leiss, Hilde 88
Leonard, Agathon 82
Lessing, Gotthold Ephraim 8, 27, 69
Lessing, Otto 24
Lichtwark, Alfred 8, 29, 37, 83, 84, 85
Liebermann, Max 62, 83, 85
Linne, Otto 55
Lorrain, Claude 85
Luginbühl, Bernhard 42
Luhn, Joachim 12
Maack, Johann Hermann 15, 30
Manet, Edouard 84
Marc, Franz 84
Meerwein, Emil 17
Meister Bertram 67, 82, 83
Meister Francke 83
Menzel, Adolph von 83
Menzel, Oscar 54
Merian, Matthäus 6, 7, 66
Messel, Alfred 48
Meyer, Franz Andreas 37, 73
Moore, Henry 32
Möller, Cord Michael 24
Müller, William 48, 49
Nissen, Godber 23
Nolde, Emil 84
Notke, Bernhard 14
Otto, Waldemar 15
Pauli, Gustav 84
Pechstein, Max 86
Pempelfort, Gert 31
Penck, A. R. 32, 33
Petel, Georg 82
Petschnigg, Hubert 33
Pfannenschmidt, Ernst 24
Picasso, Pablo 84
Polter, Beatrice 88
Precht, Christian 13, 68
Prey, Johann Leonhard 23, 25
Putlitz, Erich zu 19
Radziwill, Franz 86
Rantzau, Peter 72, 74, 75
Renoir, Auguste 84, 85
Rex, Hartlieb 74
Riedemann, Wilhelm Anton 44, 46, 55
Riemenschneider, Tilman 81
Runge, Philipp Otto 82, 83, 85
Ruscheweyh, Heinz Jürgen 55
Ruths, Valentin 86
Salmon, Françoise 79
Schaper, Friedrich 27
Scharff, Paul-Gerhard 79
Scharff, Cäsar 55
Scheffauer, Philipp Jacob 58
Schimmelmann, Heinrich Carl 74, 75
Schmidt-Rottluff, Karl 86
Schneede, Uwe M. 85
Schnitger, Arp 13, 64, 68
Schoch, August 19
Schramm, Jost 27, 31
Schumacher, Fritz 8, 9, 10, 13, 15, 19, 27, 30, 33, 34, 42, 48, 49, 53, 54, 55, 73, 74
Sihle-Wissel, Manfred 43
Sonnin, Ernst Georg 23, 24, 25
Steffens, Maximilian 13
Strack, Ph. L. 86
Stranover, Tobias 75
Strozzi, Bernardo 85
Thoma, Hans 83
Thornton, John 59, 60
Troplowitz, Oscar 48, 49
Ulmer, Oscar 53
Ungers, Oswald Matthias 30
Valckenburgh, Johann van 4, 29
Velde, Henry van de 82
Vever Frères 83
Vogel, Hugo 14, 17
Voght, Baron Caspar 56, 60, 61
Vuillard, Edouard 24, 84
Wagner, Alexander von 17
Weber, Andrea 88
Weber, Jürgen 12
Weitling, Otto 54
Wellermann & Fröhlich 51
Wex, Adolph 26, 27
Wex, Ernst 26, 27
Wilhelm I., Kaiser 35
Wilhelm II., Kaiser 17, 45, 46
Wimmel, Carl Ludwig 27, 30, 33
Wrba, Georg 53, 55
Wriedt, Verena 88
Zimmermann, Carl Johann Christian 29, 32

Orts- und Sachregister

(*Kursiv* gedruckte Ziffern verweisen auf kurze Hinweise, normal gedruckt auf Hauptbeschreibungen, **fette Ziffern** auf Abbildungen)

AHRENSBURG 72, 74–75, *72, 75*

HAMBURG

Alsterarkaden 7, *14*, 15, **14**
Alsterhaus 23
Alsterpavillon 23
Alte Post 27
Altengamme 79
Alter Botanischer Garten 31
Alter Elbtunnel 41
Alter Kran 39
Außenalster 45–51, **46, 47**
Ballhaus, ehem. 33
Bergedorf 73–74, *74*
Bernhard-Nocht-Institut 42
Beyling-Stift 25, *26*
Binnenalster *18*, *24*, **18, 24**
Bischofsturm *4*, 14
Blankenese 63
Borstel 69, *70*, **71**
Börse *7*, 18
Brunnen
  Hummelbrunnen 25
  Minervabrunnen 43
  Schalenbrunnen (Bergedorf) 73
Brücken
  Hohe Brücke 40
  Krugkoppelbrücke 49
  Lombardsbrücke *18*, 30, **18**
  Trostbrücke 8, *16*, 18, **16**
Buxtehude 66–67, *68*, **68**
City Nord 54, *55*, **54**
Congress Centrum Hamburg 31
Curslack 76, *77*, **76, 77**
DAG-Haus 33
Dammtor *5*, **5**
Dammtorbahnhof *32*, **32**
Davidswache 10
Deichtorhallen 37, *38*, **38**
Denkmale
  76. Hanseatisches Infanterieregiment 8, *30*, 31, **8, 31**
  Bismarck (Altona) 35
  Bürgermeister Mönckeberg 13
  Heinrich Heine 15
  (Forts. Hamburg/Denkmale)
  Kaiser Wilhelm I. *35*, **35**
  Lessing 27, **27**
  Opfer des Ersten Weltkrieges 15
  Opfer von Krieg und Faschismus 8, *30*, 31, **8, 31**
  Seefahrer 43
Deutsch-Israelitisches-Krankenhaus, ehem. 34
Deutschlandhaus 27
Estebrügge 67
Finanzdeputation 27
Fischauktionshalle 43, **43**
Fiscbeker Heide 66
Friedhöfe
  Jüdischer Friedhof 34
  Ohlsdorfer Friedhof 54–55, **55**
Gasthaus Jacob 62
Gästehaus des Senats 50, **50**
Hamburger Hof 23
Harburg 65, *66*, **66**
Haus der Patriotischen Gesellschaft 18
Hertz-Joseph-Levy-Stift 26
Hoch- und Untergrundbahn 41
Horst 79
Hotel Atlantic 51, **51**
Hotel Hafen Hamburg 41
Iranische Moschee 50
Jork 69, *70*, **70**
Justizforum 32, *34*, **34**
Kirchen
  Christianskirche 58
  Estebrügger Kirche 67
  Gnadenkirche 32
  Jorker Kirche 69
  Moisburger Kirche 66
  Nienstedtener Kirche 62
  Sinstorfer Kirche 65, *67*, **67**
  St. Jacobi 11, 12–13, *18*, **10, 12, 13**
  St. Johannis (Curslack) 76
  St. Johannis (Neuengamme) 77
  St. Johannis 48
  St. Joseph 34
  St. Katharinen *6*, 39, **39**
  St. Michaelis *3*, *6*, 22, 23–24, 25, **3, 22, 25**
  St. Nikolai (Altengamme) 79, **79**
  St. Nikolai *4*, *16*, 19, **16**
  St. Nikolai (Borstel) 69, *70*, **71**
  St. Pankratius (Neuenfelde) *64*, 68, **64**
  St. Petri (Buxtehude) 66, *68*, **68**
  St. Petri *4*, 13–14, *33*, **13**
  St. Petri und Pauli (Bergedorf) 73
  St. Trinitatis 19
Kirchwerder 77–78, **78**
Kloster St. Johannis 48, **49**
Kontorhäuser
  Australhaus 27
  Bankhaus Warburg 19
  Chilehaus *3*, *9*, *18*, 19, **3, 18, 19**
  Globushof *16*, 19, **16**
  Gutruf-Haus 23
  HAPAG-Verwaltungsbau 19
  Haus Alsterstor 19
  Heine-Haus 23
  Hildebrandhaus 23
  Hulbehaus 13
  Kaufmannshaus 26
  Klöpperhaus 10
  Körnerhaus 27
  Laeiszhof *16*, 17, 18, **16, 17**
  Meßberghof *9*, *18*, 19, **18**
  Mohlenhof *18*, 19, **18**
  Montanhof *18*, 19, **18**
  Sprinkenhof *9*, *18*, 19, **18**
  Streits Hof 27
  Südseehaus 10
  Thalia-Hof 19
  Versmann-Haus 15
  Wrangelhaus 27
  Zippelhaus 38
Kramerstamtswohnungen 24, *25*, **25**
KunstFoyer 30, *31*, **31**
Kunsthaus 30
Kunstverein 30

(Forts. Hamburg)
Landhäuser/Villen
  Amsinck-Palais 27
  Elbschlößchen 61
  Goßlerhaus 63, *63*
  Halbmond *59*, 60, **59**
  Heine-Haus *58*, *59*, 88, **58**
  Hirschparkhaus *3*, 62, **3**, **62**
  Jenisch-Haus *3*, *7*, *57*, 60–61, **3**, **7**, **56**, **61**
  Katharinenhof *62*, 63, **62**
  Landhaus Brandt *58*, *59*, **58**
  Landhaus Michaelsen 63
  Landhaus Voght 60, **60**
  Villa Agnesstraße (1) 47, *49*, **49**
  Villa Badestraße (30) 47
  Villa Harvestehuder Weg (5/6) 47, *48*, **48**
  Villa Riedemann *44*, 45, **44**
  Weißes Haus 62
Literaturhaus am Schwanenwik *95*, **95**
Marmstorf 65
Messegelände 32
Moisburg 66
Museen
  Altonaer Museum *35*, 86
  Ernst Barlach Haus *61*, 86, **86**
  Hamburger Kunsthalle *8*, *18*, *24*, *29*, *30*, *46*, *82*, 83–85, **18**, **24**, **30**, **46**, **82**, **83**, **84**, **85**
  Heimatmuseum Buxtehude 67
  Helms-Museum *65*, 89
  Jenisch-Haus *3*, *7*, *57*, 60–61, **3**, **7**, **56**, **61**
  Museum für Hamburgische Geschichte *8*, *33*, 85–86, *87*, **87**
  Museum für Kunst und Gewerbe *8*, *29*, *80*, 81–83, *94*, **80**, **94**
  Museum für Völkerkunde *32*, 85
  Postmuseum 31
  Puppenmuseum 63
  Rieck-Haus (Curslack) 76, *77*, **76**, **77**
  Schloß Bergedorf 73, *74*, **74**
Musikhalle *28*, 32, **28**
Neuenfelde *64*, 68–69, **64**, **69**
Neuengamme 76–79, 78
Nikolaifleet *3*, *6*, *7*, *17*, *18*, *36*, **3**, **36**
Oberpostdirektion, ehem. 31
Övelgönne 59
Passagen
  Galleria 26
  Hanseviertel 26
  Kaufmannshaus 26
Planten un Blomen 31
Plastiken
  Ansgar 18
  Graf Adolf II. von Schauenburg 18
  Ohlsdorfer Friedhof *55*, **55**
  Reclining Figure: Hand *32*, **32**
  Stadtpark *52*, 53–54, *55*, **52**, **55**
  Tor zur Welt *42*, **42**
Rathaus, Altona *35*, **35**
Rathaus, Hamburg *8*, *14*, 15–17, *33*, **14**, **15**
Schwanapotheke *5*, *93*, **4**, **93**
Seewetteramt 42
Sinstorf *65*, *67*, **67**
Speicherstadt *3*, *18*, 37–38, **1**, **18**, **38**
St. Pauli-Landungsbrücken 41, *42*, **42**
Stadtpark *52*, 53–54, *55*, **52**, **55**
Straßen/Plätze
  ABC-Straße 27
  Altonaer Fischmarkt 43
  Ballindamm 19
  Colonnaden 27
  Cremon *6*, 40, *41*, **41**
  Deichstraße *6*, *7*, *36*, 40, *41*, **7**, **41**
  Esplanade 30
  Fontenay 46
  Gänsemarkt 27
  Hafenstraße 43
  Jungfernstieg 23
  Moorweide 32
  Mönckebergstraße 10–15

(Forts. Hamburg/Straßen)
  Neuer Jungfernstieg 27
  Neuer Wall 23
  Palmaille *35*, 35
  Peterstraße *25*, *26*, **26**
  Reimerstwiete *39*, **39**
  Spielbudenplatz 33
  St. Pauli Fischmarkt 43
Streits Haus 23
Theater
  Deutsches Schauspielhaus *8*, 29
  Operettenhaus 33
  St. Pauli-Theater 33
  Thalia-Theater 19
Unilever-Gebäude 33
Verlagshaus Gruner + Jahr 41
Vierlande 75–79
Wachhaus am Millerntor 33
Wohnhäuser
  Eppendorfer Baum (8) *92*, **92**
  Isestraße (117) *90*, **90**
  Jungfrauenthal (28) *91*, **91**
  Königstraße (30) 34, *89*, **89**
  Lange Reihe (65) *90*, **91**
  Lengerckestraße (27) *92*, **92**

REINBEK *74*, 75, **75**
STADE 69–71, **71**

Literatur

Jörgen Bracker: Hamburg von den Anfängen bis zur Gegenwart. Wendemarken einer Stadtgeschichte. Kabel-Verlag, Hamburg, 1987
Manfred F. Fischer: Phoenix und Jahresringe. Beiträge zur Baugeschichte und Denkmalpflege in Hamburg. Christians-Verlag, Hbg., 1989
Michael Goecke: Stadtparkanlagen im Industriezeitalter. Das Beispiel Hamburg. Patzer-Vlg., Berlin, 1981
Hermann Hipp: Freie und Hansestadt Hamburg. DuMont Buchverlag, Köln, 1989
Paul Theodor Hoffmann: Die Elbchaussee. Ihre Landsitze, Menschen und Schicksale. Christians-Verlag, Hamburg, 10. Aufl. 1989
Werner Jochmann, Hans-Dieter Loose (Hrsg.): Hamburg. Geschichte der Stadt und ihrer Bewohner. Bd. 1: Von den Anfängen bis zur Reichsgründung. Bd. 2: Vom Kaiserreich bis zur Gegenwart, Hoffmann & Campe-Verlag, Hamburg, 1982 und 1986
Hans Meyer-Veden und Hermann Hipp (Hrsg.): Hamburger Kontorhäuser. Verlag Ernst & Sohn, Berlin, 1988
Volker Plagemann (Hrsg.): Industriekultur in Hamburg. Des Deutschen Reiches Tor zur Welt. Beck-Verlag, München, 1984
Volker Plagemann (Hrsg.): Kunst im öffentlichen Raum. Anstöße der 80er Jahre. DuMont Buchverlag, Köln, 1989
Gustav Schiefler: Eine Hamburgische Kulturgeschichte 1890–1920. Beobachtungen eines Zeitgenossen. Hamburger Verlag Verein für Hamburgische Geschichte, 1985
Werner Skrentny (Hrsg.): Hamburg zu Fuß. 20 Stadtteilrundgänge durch Geschichte und Gegenwart. VSA-Verlag, Hbg., 2. Aufl. 1987

In Vorbereitung

40 Südtirol
41 Bayreuth · Coburger Land
42 Paris

Bereits erschienen

1 Würzburg und Mainfranken
2 Lübeck und Herzogtum Lauenburg
3 Aachen und die Eifel
4 Freiburg · Südlicher Schwarzwald
5 Münster und das Münsterland
6 Regensburg und die Oberpfalz
7 Oberammergau · Pfaffenwinkel
8 Heidelberg und die Bergstraße
9 Koblenz und der Mittelrhein
10 Schleswig-Holsteins Westen
11 Augsburg · Bayerisch Schwaben
12 Oldenburg und Ostfriesland
13 Xanten und der Niederrhein
14 Konstanz und der Bodensee
15 Frankfurt · Wiesbaden · Taunus
16 Schleswig und Schleswiger Land
17 Bamberg · Fränkische Schweiz
18 Speyer und die Pfalz
19 Aschaffenburg · Spessart · Odenwald
20 Straßburg · Colmar · Elsaß
21 Köln
22 Oberschwäbische Barockstraße
23 Trier
24 Passau und der Bayerische Wald
25 Rothenburg · Taubertal · Hohenlohe
26 Mainz · Worms · Rheinhessen
27 Baden-Baden · Nordschwarzwald
28 Florenz
29 Lüneburger Heide
30 Salzburg und Salzburger Land
31 München
32 Venedig
33 Allgäu
34 Toskana
35 Berlin
36 Provence
37 Nürnberg · Nürnberger Land
38 Rom
39 Hamburg

Autoren

Prof. Dr. Ralf Busch: Seite 64 bis 71, Seite 87 (Helms-Museum)
Dr. Eva Caspers: Seite 86 (Ernst Barlach Haus)
Klaus Ecker: Seite 88
Prof. Dr. Manfred F. Fischer: Seite 4 bis 9, Seite 44 bis 51, Seite 56 bis 63
Dr. Bärbel Hedinger: Seite 86 (Altonaer Museum)
Dr. Gisela Jaacks: Seite 85 (Museum für Hamburgische Geschichte)
Dr. Evi Jung-Köhler: Seite 28 bis 35
Dr. Volker Konerding: Seite 89 bis 95
Dr. Barbara Leisner: Seite 52 bis 55
Dr. Wulf Lohse: Seite 85 (Museum für Völkerkunde)
Dr. Ulrich Luckardt: Seite 83 (Hamburger Kunsthalle)
Dr. Regine Marth: Seite 81 (Museum für Kunst und Gewerbe)
Dr. Ilse Rüttgerodt-Riechmann: Seite 10 bis 21, Seite 22 bis 27
Dipl.-Ing. Helga Schmal: Seite 72 bis 79
Ursula Schneider: Seite 36 bis 43

Bildnachweis

Exklusivfotografie:
Jörg Axel Fischer, Hannover (78)

Zusätzlich: Altonaer Museum (1), Michael Bässler (Titelbild), Deutsche Luftbild (3), Stefan Fink (1), Harksheider Verlagsgesellschaft (1), Rainer Kiedrowski (1), Ingrid Kündel (1), Hilde Leiss (1), Museum für Hamburgische Geschichte (1), Beatrice Polter (1), Joachim Scheller (1), Udo Scheller (3), Achim Sperber (5), Elke Walford/Hamburger Kunsthalle (7)

Karten:
Studio für Landkartentechnik, 2000 Norderstedt

Impressum

© 1991 für den gesamten Inhalt, soweit nicht anders angegeben, by HB Verlags und Vertriebs-Ges.mbH
Geschäftsführer: Kurt Bortz, Dr. Joachim Dreyer, Eike Schmidt
Alsterufer 4,
2000 Hamburg 36,
Telefon (0 40) 41 51-8 50
Nachdruck, auch auszugsweise, nur mit vorheriger Genehmigung des Verlages.
Erscheinungsweise:
vierteljährlich
Redaktion und Produktion:
Harksheider Verlagsgesellschaft mbH, Fabersweg 1, Postfach 52 49,
2000 Norderstedt
Telefon (0 40) 5 23 40 75
Telefax (0 40) 5 23 40 56
Redaktion:
Ulrike Klugmann (verantwortlich),
Helga Schnehagen M. A.
Layout:
Traute Frost

Vertrieb Zeitschriftenhandel:
PARTNER PRESSE
VERTRIEB GMBH,
Widmaierstraße 110,
7000 Stuttgart 80,
Telefon 07 11/7 28 84 10,
Telex 7255949
Vertrieb Abonnement und Einzelhefte:
ZENIT PRESSEVERTRIEB GMBH,
Widmaierstraße 110,
7000 Stuttgart 80,
Telefon 07 11/7 20 05-97,
Telefax 07 11/7 28 84 10,
Telex 7255949
Vertrieb Buchhandel:
GeoCenter Verlagsvertrieb GmbH, Neumarkter Straße 18, 8000 München 80, Telefon 089/43 18 90, Telefax 089/4 31 28 37, Telex 5 23 259
Satz:
Alphabeta Gerds GmbH,
Hamburg
Gesamtherstellung:
Repro-Druck GmbH,
Fellbach
Printed in Germany
Für unverlangt eingesandte Manuskripte, Fotos und Dias keine Gewähr
ISBN 3-616-06539-9

Zeittafel

810
Karl der Große erobert in den Sachsenkriegen das heutige Hamburger Gebiet und gründet zur Christianisierung eine erste Taufkirche

831
Ludwig der Fromme errichtet die Hammaburg und begründet in ihr ein Bistum. Erster Bischof ist Ansgar († 865), der den heidnischen Norden missionieren soll

845
Zerstörung von Hammaburg und Siedlung durch die Wikinger. Verlegung des Bistums, seit 848/49 Erzbistum, nach Bremen

937 bis 988
Erzbischof Adaldag baut Hamburg als zweiten Erzsitz wieder auf und verleiht dem Ort das Marktrecht. Als weltlicher Herrscher wird der Sachsenherzog Hermann Billung eingesetzt

983
Erneute Zerstörung durch die Slawen

1013 bis 1029
Wiederherstellung von Dom und Domkapitel durch Erzbischof Unwan

1035 bis 1043
Bau des ersten Hamburger Domes aus Stein sowie des Bischofsturmes unter Erzbischof Bezelin-Alebrand

1043 bis 1072
Unter Erzbischof Adalbert wird Hamburg kirchlicher Mittelpunkt für die skandinavische und slawische Missionstätigkeit

1066 und 1072
Erneute Zerstörungen von Hamburg. Ende der kirchlichen Vormachtstellung. Die Erzbischöfe ziehen sich endgültig nach Bremen zurück

1111 bis 1203
Aussterben der Billunger. Die Grafen von Schauenburg werden mit Hamburg belehnt: Adolf I. (1111/30), Adolf II. (1130/64), Adolf III. (1164/1203)

1188
Adolf III. gründet neben der erzbischöflichen Altstadt die gräfliche Neustadt für Kaufleute und Schiffer

7. Mai 1189
Kaiser Friedrich Barbarossa erteilt den Hamburgern einen Freibrief mit Handels-, Zoll- und Schiffahrtsprivilegien, der zur Grundlage des Welthafens wird. Auf dieses Datum wird der Hafengeburtstag zurückgeführt

1201 bis 1227
Hamburg steht unter dänischer Herrschaft

1216
Zusammenschluß der Alt- und Neustadt. Hamburg erhält das Stadtrecht

22. Juli 1227
Adolf IV. besiegt die Dänen in der Schlacht von Bornhöved. Hamburg gelangt wieder endgültig unter schauenburgische Herrschaft

1321
Beitritt Hamburgs zur Hanse

1459
Erlöschen des Schauenburger Grafenhauses. Hamburg wird erneut dänisch, behält aber seine Privilegien

1510
Offizielle Ernennung Hamburgs zur Reichsstadt

1529
Durchführung der Reformation durch Johann Bugenhagen

1558
Gründung der Börse

1616 bis 1625
Ausbau Hamburgs zur stärksten europäischen Festung, die die Stadt vor dem Dreißigjährigen Krieg bewahrt

1686
Vergebliche Belagerung Hamburgs durch den Dänenkönig Christian V.

1768
Gottorper Vertrag. Die dänischen Könige erkennen erst jetzt Hamburgs Reichsunmittelbarkeit an

1784 bis 1806
Der königliche dänische Landbaumeister Christian Frederik Hansen schafft Höhepunkte klassizistischer Architektur

1804
Der Maler Philipp Otto Runge, der bedeutendste Vertreter der norddeutschen Romantik, zieht nach Hamburg, wo er schon 1810 stirbt

1806
Ende des alten Deutschen Reiches. Kontinentalsperre gegen England und dreijährige Gegenblockade der Elbmündung durch englische Kaufleute

1806 bis 1814
Franzosenzeit

1815
Beitritt Hamburgs zum Deutschen Bund. Umwandlung der Befestigung in öffentliche Anlagen bis 1835

Seit 1819
Staatstitel „Freie und Hansestadt Hamburg"

1847
Gründung der HAPAG; war unter Albert Ballin von 1886 bis zum Ersten Weltkrieg die größte Reederei der Welt

5. bis 8. Mai 1842
Der Große Brand zerstört ein Drittel der Stadt

1860
Hamburg erhält eine neue Verfassung. Der Rat wird „Senat"

1870
Der Bildhauer, Grafiker und auch Dichter Ernst Barlach († 1938) wird in Wedel bei Hamburg geboren

1877
Eröffnung des Museums für Kunst und Gewerbe

1886 bis 1914
Alfred Lichtwark ist erster Direktor der Hamburger Kunsthalle

1888
Beitritt Hamburgs zum Deutschen Zollverein und Einrichtung des Freihafens als „Zollausland"

1897
Einweihung des neuen Rathauses

1909 bis 1933
Fritz Schumacher als Oberbaudirektor gibt Hamburg sein typisches „modernes" Gesicht

1912
Hamburg avanciert zum drittgrößten Seehafen der Welt

1914/18
Hamburgs Prosperität wird durch den Ersten Weltkrieg und die ihm folgenden Wirtschaftskrisen beendet. Verlust fast der gesamten Handelsflotte

1919
Gründung der Universität

1921
Durch neue Verfassung erhält Hamburg eine parlamentarische Demokratie

1922/24
Bau des Chilehauses: Hauptwerk des niederdeutschen Klinker-Expressionismus

1937
Groß-Hamburg-Gesetz. Die Nachbarstädte Altona, Harburg und Wandsbek sowie 27 Landgemeinden werden dem hamburgischen Staatsgebiet eingegliedert

1943
Weitgehende Zerstörung Hamburgs im Zweiten Weltkrieg. Nochmaliger Verlust der Handelsflotte

1960
Hamburgs Wiederaufbau im wesentlichen abgeschlossen

16./17. Februar 1962
Flutkatastrophe mit 315 Menschenopfern

1969 bis 1990
Werner Hofmann ist Direktor der Hamburger Kunsthalle

1981
Der Hamburger Senat beschließt das Modell „Kunst im öffentlichen Raum"

4. September 1989
Der Mäzen Kurt A. Körber stiftet ein neues Ausstellungszentrum in den Deichtor-Markthallen